復元・改 … 舎（14頁）

現在、東京で唯一の跳ね上げ橋・アーバンゲートブリッジ（39頁）

両国の国技館通りには何体もの力士の像が並んでいる（61頁）

春、小湊鐵道の飯給駅はサクラとナノハナに包まれる（97頁）

東京都民の水がめ・奥多摩湖。湖底には村が沈んでいる（167頁）

山中湖の湖面ではスワンボートと白鳥がなかよく泳いでいた（203頁）

岩峰群がシルエットとなって迫力を増す一ノ倉沢（156頁）

1941（昭和16）年、湯檜曽川に建造された土合砂防堰堤（156頁）

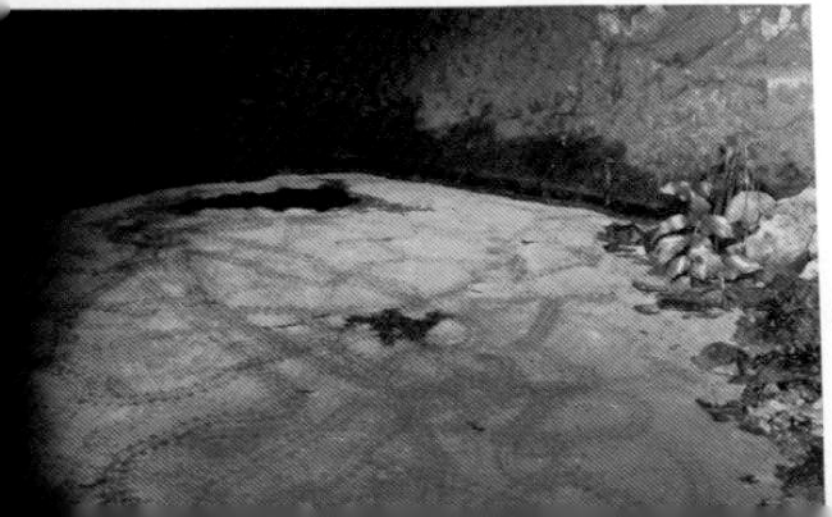

暗い穴のなかで美しい輝きを見せるヒカリモ（191頁）

いかにも古道といった趣の旧中山道・碓氷峠越えの道（214頁）

鎌倉古道に近い春日神社で
飼育されるシカ（225頁）

のどかな雰囲気を今に残す
甲州街道野田尻宿（247頁）

特徴的な姿をした中山道坂
本八幡宮の狛犬（214頁）

金時山の山頂から望む富士山の絶景（328頁）

左：高尾山は細田屋のなめこ汁（305頁）
左下：景信茶屋では田楽をいただく（305頁）
右下：金時山の道標に立つ金太郎（328頁）

東京近郊徒歩旅行

絶景・珍景に出会う

佐藤徹也

朝日文庫

本書は書き下ろしです。

東京近郊徒歩旅行　絶景・珍景に出会う ● 目次

第三章　水面を眺めながら　155

第四章　いにしえの道を旅する　213

第五章　山と茶屋を訪ねて　293

口絵写真・本文写真／佐藤徹也
地図／谷口正孝

はじめに

子どものころから、いわゆる「タンケンごっこ」が好きだった。タンケンとはいっても、子どもだけに舞台となるのは近所だ。当時住んでいた東京の東村山界隈にはまだ雑木林が残っていたし、用水路もあった。農家の畑や神社の床下など、大人だったらとても入れないような場所も、子どもならではの無神経さでズカズカと踏み込んでいった。林で巨大なアオダイショウと遭遇して慌てて逃げだしたこともあったし、クワガタとカブトムシを大量に捕まえて狂喜したこともあった。森でクリ拾いのオジサンに出会ってその技を伝授され、クリを山のように持ち帰って親に仰天されたこともある。チームプレイがあまり得意ではなく、たいていはひとりで歩いたり自転車に乗ったりして見知らぬ場所に出かけていた。子どもだけに、さすがに「日帰り」が絶対条件だったけれど。

大人になった僕が本書でしている旅も、よく考えたらその延長線なのだろう。日帰りといえども、鉄道やバスを駆使することでその行動半径は飛躍的に広がった。

大人なので当然長い旅も可能なのだが、日帰りの旅はそれとはまた異なった長所と魅力がある。まずなによりもフットワークがいい。宿の予約もいらないし、交通手段の予約もほとんど不要だ。荷物も必要最小限ですむ。たいていはひとりなので誰かとスケジュールを調整する必要もない。あとは前日に天気を確認するだけだ。もちろん行きたい場所に関しては、日ごろからアンテナを伸ばして情報を収集しておくのは大前提。

東京を起点に、普段から気になっていた場所を訪れ、歩いてみる。日帰りの徒歩旅行。

本書は、そんなイイ大人による「日帰りタンケンごっこ」のささやかな記録だ。

東京近郊徒歩旅行

絶景・珍景に出会う

第一章　密かな東京名所

東京駅から都庁へ。観光地を直列横断

――東京都

東京駅。東京の中心的鉄道駅にして新幹線をはじめJR各線、地下鉄など数多くの路線が乗り入れる、まさに東京都の表玄関だ。近年は飛行機の利用者も増えてきたとはいえ、やはり地方から初めて東京に降り立ったのはこの駅、というひともまだまだ多いのではないか。

しかしこの東京駅、東京在住者にとっても知らないことは多い。東京駅周辺に通勤通学、あるいは乗換駅として常用するひとを別にすれば、あえて東京駅で下車する機会は意外と少なく、自宅からの最寄り駅は東京駅というひとにも今まで会ったことがない。いや、タワーマンションの住人などはいるのかもしれないけれど、あれだけ巨大な駅だと、最寄り駅とはいっても利用するホーム次第ではけっこう遠くなりそうだ。

そんな東京駅駅舎も2012（平成24）年の復元・改修作業終了によって、駅そのものも観光スポットとして人気が高くなったらしい。恥ずかしながらあの工事が行われるまで、もともとの東京駅は3階建てだったということすら知らなかった。

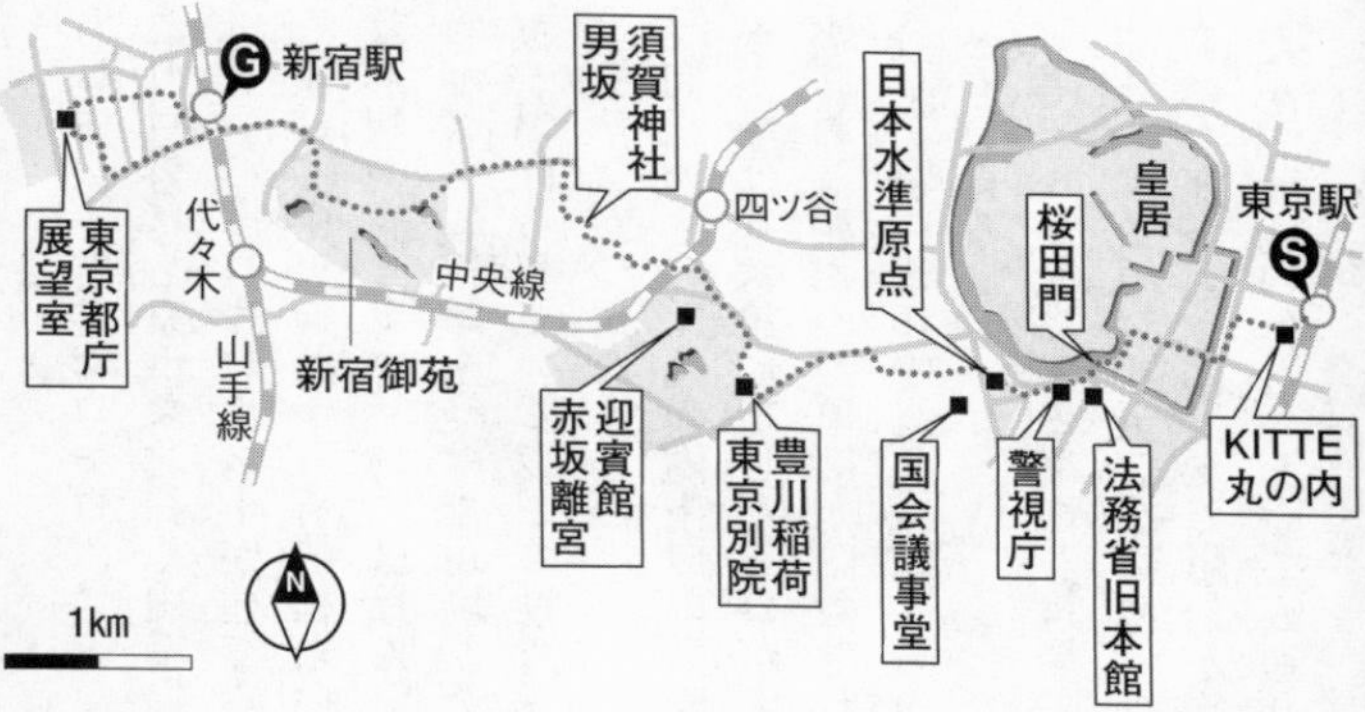

そして地形図上で東京駅を確認してみれば、その西に位置するのは皇居。これまた東京に暮らしていながらなかなか訪れる機会はない。さらに西へと視線を移せば、あれあれ、そこには国会議事堂、迎賓館、新宿御苑と、内外からの旅行者が訪れるスポットが点々と続いているではないか。山手線内を上下半分に横断して東から西へと進む道は、どうやら格好の東京観光コースでもあるようだ。ならば東京駅を起点に、この「観光地大直列」的な道筋を歩いてみよう。

　まずは東京駅の１・２番線、中央線ホームで下車する。これまでに幾度となく利用してきたホームだが、いつもと違った気持ちで周囲をうろうろしてみれば、視界に入ってきたのは線路脇に建てられた「０ＫＭ」という大きなモニュメント。

　これは「ゼロキロポスト」と呼ばれる、いわゆる路線の起点を示すものだそうで、ここにあるそれは中央本線のゼロキロポスト。土台の赤レンガ風意匠は東京駅をイメージしたものだ。これ以外にも京浜東北線や山手線、常磐線や宇都宮線のホームにもそれぞれ異なったデザインのゼロキロポストが建てられている。

続いて中央通路から新幹線乗換口を目指したところにあったのが、床に埋め込まれた菱形状のレリーフ。ここはなんと1930（昭和5）年、当時首相だった浜口雄幸《おさち》がテロリストに銃撃を受けた現場だそうだ。よく見れば近くの円柱にはそのことを示す解説板が掲げられている。この場所、今まで新幹線に乗るたびに何度も歩いているはずなのに全然気がつかなかった。

同様のものは丸の内南口の券売機近くにもある。先ほどのものよりずいぶん小ぶりだが、やはり六角形をしたものが床に埋め込まれている。こちらは1921（大正10）年、当時の首相だった原敬《たかし》が暗殺された現場なのだった。どちらもあまり目立つかたちではないのは、理由を考えればやむを得ないか。逆に歴史の襞《ひだ》に埋没させずによくぞ残したともいえる。

そんな足元に残る凄惨な現場の痕跡から視線を上空に向ければ、そこには見事な天井ドーム。これは復元工事の際、開業時の姿に戻されたもので、天頂部を舞う八羽の鷲《わし》、それを囲むように干支《えと》の彫刻が飾られている。思わず口を開けて見上げてしまうところだが、改札口付近とあって人通りも多いので邪魔にならぬように要注意。

東京駅の１番線、中央線ホームの線路脇に設置されている、中央本線のゼロキロポスト。東京から塩尻、名古屋へ至る同線の起点にあたる距離標だ

丸の内南口から外に出て振り返れば、そこには赤レンガ造りの東京駅がそびえ立っている。そもそもこの東京駅が開業したのは1914（大正3）年。当初の設計はドイツ人技術者のフランツ・バルツァーだったが、のちに日本人の辰野《たつの》金吾《きんご》と葛《か》西《さい》萬司《まんじ》が引き継いで現在の姿になったという。

設計変更はバルツァーによる和風デザインが不評だったのが理由らしいが、残されたデザイン画を見ると、その姿はあたかも巨大なお寺か、ハリウッド映画に登場する謎の日本建築のよう。彼としては日本文化をリスペクトしたものだったのかもしれないが、さすがに近代建築が主流となりつつあった当時の丸の内界隈ではちょっと浮いた存在になっていたかもしれない。

完成した東京駅は1945（昭和20）年

の空襲により被災。戦後、限られた予算と時間の兼ね合いで、本来は3階建てだったものを応急的に2階建てとして復旧。そのまま先の復元工事まで使用していたというのが驚きでもある。

昔から2階建て風の東京駅に見慣れていてさほど違和感も覚えなかったが、こうして3階建てに戻った姿を眺めてみると、なるほど全体のバランスが整っているように思える。後づけの感想かもしれないけれど。

東京駅からは向かいにある商業施設「KITTE丸の内」に立ち寄る。僕にとっては前身の東京中央郵便局以来の、ずいぶん久しぶりの再訪だ。

昭和の40～50年代。全国の子どもたちの間で切手収集が大ブームになったことがあった。記念切手の発売日には郵便局に行列ができ、少年向けの月刊切手雑誌だけでも数誌あったのではないか。町中には「切手商」と呼ばれる専門店もあった。

僕もそんなブームの影響を受けて、東京中央郵便局を何度か訪れた。わざわざ来た理由はひとつ。地元の郵便局ではすでに売り切れた過去の記念切手が、ここではまだ売られていたのだ。当然、切手商のように値段が上乗せされることなく額面金額のままで。限られた小遣いで切手を買い漁り、ホクホク顔で自分のストックブックに並べていた。

そんなことを思い出しながらKITTE丸の内の中央郵便局へ足を向ける。もしやと思って売り場をのぞいてみれば。おお、今でもちょっと昔の記念切手を売っているでは

駅であえて天井を見上げることは少ないが、東京駅丸の内南口ではぜひとも視線を向けてみたい。八角形の各隅に彫られた干支は方角を示している

ないか。Eメールの普及によって切手の使用機会は激減、昔集めた切手だってどうしたものか悩んでいる現状では、さすがに買うことはしなかったが。最近の子どもは切手にふれる機会も少ないんだろうな。

しかしその代わりに見つけてしまったのが「風景印帳」だ。風景印。これも子どものころに集めていた。風景印というのは、各地の郵便局が観光資源を図案にしたご当地消印のことで、今日でも多くの郵便局が用意している。

最近も旅先で郵便局を訪れれば、そこに風景印があることは知ってはいた。しかしいまさらそんなものを集めだしてもと自重していたのだった。だが、ここには風景印帳まで売っているではないか。それも旅の携帯にも邪魔にならない名刺サイズのもの。軽量コンパクト化に弱い僕にとってはこれが決め技、いや決められ技だ。

さっそく風景印帳を購入、その1ページ目にめでたく東京中央郵便局の風景印を押印。かくして50年の時を経て、幸か不幸か風景印収集趣味は再開されることとなった。

KITTE丸の内からは皇居を右手に眺めながら西へ。ずいぶん来訪者が多いように思えたのは、サクラの開花時期とあって皇居内の乾《いぬい》通りから乾門への一般参詣が行われていたからのようだ。

こちらは桜田門を抜けて先へ。桜田門といえばその正面に建つ警視庁だが、それよりも道路をはさんで相対する重厚なレンガ造りの建築物に視線が引き寄せられる。こちら

収集再開の第一弾となった東京中央郵便局の風景印。図案のモチーフは「KITTE 丸の内」も入る JP タワー、そしてもちろん東京駅だ

は法務省の旧本館だそうで、１８９５（明治28）年に竣工したもの。重要文化財に指定されているのもさもありなんという存在感だ。

そしてどっちでもいいことだけど、単に桜田門からの距離だけをいったら警視庁よりこの法務省旧本館のほうが近いんではなかろうか。

警視庁から西を望めば、そこに建つのが国会議事堂だ。現在の議事堂が完成したのは１９３６（昭和11）年。明治の国会開設以来、いくつかの仮議事堂を経てようやくの完成だったそうだ。

この日は国会会期中のせいか、いつもより沿道の警備の数も多いようでちょっとピリピリした雰囲気だ。そんななか、何人かの警官が積極的にこちらに向かって「こんにちはー」と声をかけてくる。意外と愛想がいいんだなと感心するいっぽう、もしかしたら平日日中にラフな姿で国会周辺をうろつく不審な男に対しての婉曲な職務質問かと勘ぐってしまうのは考えすぎか。

いずれにしても国会議事堂そのものには用はない。立ち寄りたかったのはその手前にある庭、国会前庭だ。ここには日ごろお世話になっている国土地理院謹製の地形図の基準点、日本水準原点が設置されているのだ。

地形図には各地の標高が表記されている。たとえば富士山山頂なら「3776」というように。

しかしこの標高、いったいどこが0メートルなのか疑問に思ったことはないだろうか。海面？　いやいや海の潮位には干満があって一定ではない。大潮の満潮時に富士山の標高が低くなってしまっては困る。そこで数年にわたる潮位観測データをもとに算出した平均海面から、1891（明治24）年にこの場所の標高を24・5メートルと定め、これをすべての地図の水準点としているのだった。その後、関東大震災や東日本大震災による地殻変動により標高は微妙に変化。現在は24・39メートルに修正されている。つまり東京は少しずつ沈下しているのか。

前庭の門を入ってすぐのところに、「一等水準点」と刻まれた古びた石標を発見。ほほう、これが日本水準原点ですか、意外と地味なものですなと思いつつ、念のため携帯

国会前庭に建てられている日本水準原点標庫。日本水準原点はこのなかに収められている。石造りの荘厳な建造物で、1891（明治24）年に竣工した

していたGPSで標高を確認してみたところ、そこに表示された標高は18メートル。むむっ、6メートルという誤差はちょっと大きすぎやしないかとマイGPSの精度を疑ったところで、気がついた。

よく見れば少し先に標高差数メートルほどの高台があるではないか。もしや。急いで坂道を駆け上ってみれば、ありましたよ本当の水準原点が。こちらは先ほどとは違い、日本水準原点標庫と呼ばれる石造りの立派な建築物に収められている。そりゃそうか。

土木遺産にも認定されているこの建物は年に一度、6月3日の測量の日に開けられて、原点もご開帳になるそうだ。ちなみに先ほど勘違いしてしまった一等水準点も、水準原点に準ずる重要な標高基

準点とのこと。

念には念を入れて再び標高を確認してみたところ、表示された数値は25メートル。そもそもマイGPSは1メートル未満は表示できないので、まあ正確といっていい。

ここからは永田町の台地を下って赤坂へ。そこからあまたのキツネ像で知られる豊川稲荷の脇を抜けていけば、迎賓館赤坂離宮に至る。来賓のないときは一般公開もされているが、本日は門扉越しに眺めるのみで通過。新宿方面に向けて再び坂道を下っていく。

この界隈は坂道が多いことでも知られていて、それぞれには「鉄砲坂」や「女夫坂《めおとざか》」などいわれがありそうな名前がつけられている。

そんななか、多くの若者が競うように写真に収めている坂があった。日本人はもちろん、欧米人の姿も目につく。

なにごとかと尋ねてみれば、この坂は2016（平成28）年に公開された新海誠監督の映画『君の名は。』の舞台になったとされる、いわゆる聖地なのだった。ちなみに坂の名前は男坂。坂の上にある須賀神社へ至る坂道で、少し西には途中に踊り場があるぶん傾斜が緩やかな「女坂」もあった。いずれにしてもなんていうことのない坂道も、著名な映画に登場することでこの人気ぶり。聖地化による観光効果も大したものである。

いくつかの坂を越えれば、その先で待っているのは新宿御苑だ。せっかくなので東の大木戸門から入って御苑内を歩いていこう。この土地は江戸期には高遠藩内藤家の下屋

季節に応じてさまざまな表情を見せてくれる新宿御苑。このとき日本庭園はサクラの花が見頃を迎えていた。池に映り込む姿も美しい

敷があったところ。当時は内藤新宿とも呼ばれ、甲州街道のひとつめの宿場でもあった。明治に入ると宮内省管轄の植物園となったことが現在の御苑という名前の由来となっている。

サクラの開花時期とあって園内は大勢の花見客で賑わっているが、飲酒が禁止になっているせいか、ほかの花見場所のような喧噪はない。みんなサクラを背景に行儀よく写真撮影に興じている。

園内には日本庭園やバラの花壇が並ぶ整形式庭園などいくつかのスポットで構成されているが、中央の広大な芝生に座りこみつつ西の空に屹立する尖塔のようなNTTのビルを見上げる光景は、ちょっと日本離れしていて印象的だ。

御苑をぐるりと散策して新宿門から出

たら、新宿駅を抜けて目指すゴールは東京都庁。48階にある展望室に上って、この日歩いてきた道を振り返ろうという魂胆だ。

ところがいざ都庁に到着したところで驚いた。展望室行きのエレベーターには長蛇の列。乗れるまでに30分はかかるとのこと。以前訪れたときはすぐに乗れたのに。

最後尾につきながら並んでいる人を眺めれば、ほとんどが欧米人だ。コロナ禍以来滞っていたインバウンドの来訪もいよいよ完全復活といったところか。

欧米からの観光客には得てしてバジェット・トラベラー、つまり節約旅行者が多い気がする。とくに若者の貧乏旅行というわけではなくとも、財布の紐は厳しめだ。大枚を払ってスカイツリーあたりに上るくらいならここの展望室は無料！というのをどこかで聞きつけた結果がこの行列なのかもしれない。

そういえば日本人の海外旅行も、昔にくらべると「イコールお買い物」という図式がずいぶん当てはまらなくなってきた気がする。もちろん昨今の円安の影響もあるのだろうけれど、それだけ日本人の海外旅行も少しは成熟してきたということか。

そんなことを考えているうちに自分の番のエレベーターが降りてきて、展望室帰りの観光客をどっとはき出した。

愛宕山《あたごやま》から北へ。都区内の超低山を縦走する

東京都

東京から気軽に山歩きへ出かけようとすれば、まず頭に浮かぶのは西部の奥多摩エリアだろう。あるいはちょっと県境は越えるものの埼玉の奥武蔵《おくむさし》や秩父《ちちぶ》地方、神奈川の丹沢山塊《たんざわさんかい》といったところがポピュラーだ。

しかし地形図をよくよく眺めてみれば、そこまで足を延ばさずとも山と呼ばれるものがポツリポツリと存在しているではないか。しかも東京23区内に。

山といってもそれらの多くはせいぜい標高数十メートルのものばかりで、その出自も武蔵野台地の縁辺だったり、人工的に築かれたものだったりする。それでもそんな山々をひとつずつ地形図上にポイントしていけば、次第にそれらをつなぐ一本の登山ルート?が現れてくる。

周囲は高層ビルに囲まれていたりして、尾根道というよりは谷筋と呼ぶのが相応しい気もするが、この縦走路をつないで東京の中心部を北上する山旅に出てみよう。

まず目指すのは、都心の超低山のなかでもよく知られた愛宕山だ。愛宕山を目指すに

は都営三田線の御成門《おなりもん》駅か、東京メトロ日比谷線の神谷町《かみやちょう》駅あたりが登山口として一般的だが、今回は虎ノ門ヒルズ駅から挑んでみる。

虎ノ門ヒルズ駅は2020（令和2）年に暫定開業したばかりの新しい駅で、利用するのは実は初めて。ほかの駅にくらべれば、「虎ノ門ヒルズ駅」ルートで愛宕山の登頂に成功した人間はまだまだ少ないはず、という冒険的野心?からのルート選択だ。

しかし。慣れない登山口には注意が必要だ。実際の山歩きでも、山を登り始める以前に、「登山口が見つからない」「登山口を間違えた」というアクシデントはあるものなのだ。僕にも経験がある。そしてそんな失敗をここでも。

駅に掲げられた地図を確認して愛宕山への最短ルートを選んだつもりだったのが、実際にはぐるりと大回りが必要になる地上出口から飛び出してしまい、いきなり時間を浪費してしまう。山深い場所だったらおおごとだ。

それでも地形図を確認しつつ進路を修正、祝田《いわいだ》通りを南に下っていけばやがて右手に愛宕山の小高い山容が見えてきた。

武蔵野台地の東端に位置するこの山の標高は25・7メートル。天然の山としては東京23区内の最高峰だ。人工的に築かれた山ではないことが、地質学的にも判明しているそうだ。

その麓《ふもと》には大きな鳥居。そして山頂に鎮座するのは愛宕神社。そう、愛宕山山頂は愛宕神社の境内に内包されているのだ。

頂上への登頂ルートはふたつ。ひとつは鳥居からまっすぐ階段を直登する「男坂」ルート。そしてもうひとつは男坂の北側をやや蛇行するようにスロープと階段が続く「女坂」ルートだ。

この男坂には有名な逸話がある。

時は江戸。三代将軍徳川家光が芝増上寺を参詣した帰り道に、山頂に咲き誇るウメの香りに誘われ、従者に「騎馬であのウメを手折ってこい」と命じたのだそうだ。権力者というのは、いつの世もこんな気まぐれを言うものだが、それにしても男坂の階段はあまりに急峻に過ぎた。

これを馬で上り、なおかつ下りてくるなどとてもできることではないと皆が躊躇《ちゅうちょ》したところに、曲垣平九郎《まがきへいくろう》という男が見事に馬を乗りこなしてウメの枝を将軍に献上。この一件がきっかけで平九郎はその名を全国に轟かせ、坂は後に「出世の石段」と呼ばれることに。こんな話を聞いてしまえば、馬はともかくとして、まずは男坂を登らぬわけにはいかない。

もっとも石段の数は86段ほど。傾斜はたしかにきついとはいえ、徒歩なら決して無理難題というほどではない。それが証拠に訪れる参拝客は老若男女を問わず、男坂を一歩一歩登りつめている。まさかみんながみんな、出世祈願にやってきているわけではないとは思うけど。

僕も男坂を上ったものの、下りはのんびりと女坂を。せっかくなら違う道を歩きたいというのが一番の理由ではあるが、やはり登山で事故が多いのは圧倒的に下りの最中。縦走はまだ始まったばかり。ここは慎重に行こうじゃないか。

愛宕山からは次なる山頂、三笠山を目指す。麓から行く先に視線を向けてみたが、手

ひとつめの都区内超低山は港区の愛宕山。自然の山としては23区内最高峰だ。大きな赤鳥居の向こうには「出世の石段」が立ちはだかる

前には虎ノ門ヒルズをはじめとする尖峰群が立ちはだかり、その先はようとして望むことはできない。

季節は初春とあって、進むべきビル群の谷間には強烈な寒風が吹き抜けている。それに抗いながら歩いていくと、じんわりと涙がにじんでくるほどで、まるで本当の山歩きみたいだ。これはゴーグルを用意するべきだったか。

しばらくして姿を見せた三笠山は、日比谷公園の北端にそびえる標高10メートル足らずの独立峰。現在日比谷公園があるあたりは、もともとは東京湾の入り江にあたる。それが江戸城のお堀の一部となったのちに、明治に入って公園として整備された歴史を持つ。三笠山は、この公園造成時に発生した残土によってでき

た人工の山だそうだ。

山頂へは東西南北いずれの麓からも登山道が延びており、どこからアタックしても登頂には1分とかからない。頂から周囲を見渡しても、展望のほとんどはビル群に遮られているが、唯一、北側だけは皇居越しに青空が遠く広がっているのを遠望できた。麓には巨石群が点在しており、これもお堀だった時代の遺構なのだろう。

ここからは皇居の広大な敷地を西に眺めながら北上していく。こうしてあらためて眺めてみれば、東京の中心にこれだけの自然が残されているというのはある意味奇跡だな。なかには絶滅危惧種に指定されている動植物も生息しているらしい。

皇居に別れを告げる分岐の信号には「気象庁前」の表示。気象庁自体は2020（令和2）年に虎ノ門へ移転したと聞いたが、こういった表示はそのまま残り続けるんだろうか。

ちなみに自分にとって気象庁は、日ごろとてもお世話になっているふたつの公官庁のうちのひとつだ。もうひとつはもちろん国土地理院。どちらも徒歩旅行には欠かせない情報を提供してくれている。

愛宕山からずっと続いていた平坦な地形が登り基調になり、次第に本郷台地が近づいてくるのがわかる。外堀を渡るお茶の水橋は、東にかかる聖橋《ひじりばし》の秀麗な姿を見渡せる絶好のスポットだが、現在は進行中の御茶ノ水駅大規模改修工事の影響で視界が遮られて

寒風吹きすさぶビルの谷間を突破して、辿り着いたのは日比谷公園の三笠山。登頂ルートは四方から複数あって、お好み次第でチャレンジできる

いる。工事完了後、ここからの風景がどう変貌するのか気になるところだ。

橋を渡ったら本郷台地を迂回するようにして上野へ。途中にはこの数十年で電気街からパソコン街、そしてサブカルタウンへと変貌した秋葉原や、多くの外国人観光客で賑わうようになったアメ横などが続き、東京という町が生き物のようにその姿を変えていく様を目の当たりにできる。

上野で目指す山はずばり「上野のお山」と呼ばれる上野台地。そして上野台地上に位置する摺鉢山《すりばちやま》だ。標高25メートル。とはいっても上野台地の標高がすでに20メートルあるので、実際の標高差はわずか5メートルほど。造作もなく登頂できる。

この摺鉢山の出自は古墳。前方後円墳の後円部分にあたり、かつては山頂付近から弥生式土器や埴輪《はにわ》の破片が出土したそうだ。山頂は小さな広場になっていて、ベンチに座りながら読書をする人や楽しげに会話を重ねるカップルで賑わっている。

この摺鉢山から道をはさんだすぐ隣りには、お顔だけとなった上野大仏が祀られている大仏山も並んでいる。

摺鉢山からはJR京浜東北線の線路に沿うように北西へ。ここも武蔵野台地のへりにあたり、線路際は大きな標高差のある崖になっている。

途中で抜けていく谷中《やなか》霊園は、明治期に造営された公共墓地で、次期1万円札に肖像が刻まれる渋沢栄一や15代将軍徳川慶喜《よしのぶ》、そして朝ドラのモデルにもなった植物学者の牧野富太郎といった著名人が眠っている。

西日暮里《にしにっぽり》駅まで歩いてくると線路と道灌山《どうかんやま》通りが交差しているが、この通りを渡ったところが通りの名にもなっている道灌山。標高は20メートルほど。ただ、山とはいっても坂道を登った先には高台が続いており、ここが頂上！と同定するのはなかなか難しい。山名の由来には諸説あるようだが、太田道灌の出城があったという説がなんだかそれっぽい。

線路をはさんだ高台からは、東への展望が抜群だ。ここからの風景は江戸時代の庶民にも愛されていたようで、当時の錦絵にもこの場所でお弁当を広げる彼らの姿が描かれている。

武蔵野台地の東縁をこのまま北上していけば、ゴールである王子の飛鳥山《あすかやま》に至るのだが、少し寄り道をする。西側を通る不忍《しのばず》通り沿いに西へ向かうとやがて本郷通りと交差。この交差点の少し南に駒込富士神社《こまごめふじじんじゃ》があり、この神社が鎮座しているのが駒込富士と呼ばれる富士塚の頂上なのだ。

富士塚というのは富士信仰から造営された富士山のレプリカともいうべき人工の山で、実際に富士山に登拝することはできなくても、この富士塚を巡れば同等の御利益があると信じられていた。この駒込富士では夏になれば現在も山開きが行われ、その際には夜店なども出て賑わうそうだ。

実際に登ってみれば、山腹には富士山から運んできたといわれる溶岩なども納められている。ちなみにこの駒込富士ももともとは古墳だったらしい。

駒込まで来たからには、もうひとつ登っておきたい山がある。それがあるのは特別名勝として名高い六義園《りくぎえん》のなか。駒込富士からも目と鼻の先だ。

六義園は元禄《げんろく》年間に川越《かわごえ》藩の藩主・柳沢吉保《よしやす》が造園した回遊式の庭園で、池を中心とした園路を歩きながら四季折々に変わりゆく自然のなかを歩けるようになっている。明治に入って三菱の創始者である岩崎弥太郎の別邸となり、その後、東京都に寄付されて今日に至っている。

そんななか、目指す山頂の名前は藤代峠。もちろん庭園内に造られた人工の山だが、その標高は35メートルとなかなかのものだ。園路を巡りながら山頂への最後の登りに入ると、周囲はクマザサなんぞに覆われていてなかなかリアルな雰囲気だ。山頂からは視界が開け、六義園の全景を俯瞰できる。

藤代峠という名前は紀州に実在する峠から名づけられたそうで、実際どこにあるのかネットで検索してみたのだがさっぱりヒットしない。もしやと思って類推する地名で探し直したところ、本家は「藤白」の漢字を当てているようで、熊野古道中の紀伊路沿いに藤白坂として見つけることができた。

ここからは本郷通りを北上して一気に飛鳥山を目指す。距離にしたら2キロちょっとだ。ただし道に微妙な登り勾配がついてきて、愛宕山から歩き続けてきた足に地味に効いてくる。それでもかつての古河財閥の邸宅にして現在は都立公園となっている旧古河庭園を左手に望み、右手に日本銀行券、つまりお札を刷っている国立印刷局東京工場などを眺めつつ、無事に飛鳥山へ到着。

飛鳥山は公園として整備されているが、もともとは徳川吉宗の時代に鷹狩りの場としてサクラを植樹、さらにはそれを庶民にも開放したことによって江戸随一の花見の名所として知られることとなった。当時から営業を続けてきた料亭「扇屋」は、名物だった卵焼きの専門店として現在も営業中。春になれば来年も多くの花見客で賑わうことだろ

六義園の藤代峠から園内を俯瞰する。山頂部はとくに「富士見山」と呼ばれているそうだ。かつてはここからも富士山を望めたのだろうか

飛鳥山の山頂に設けられている立派な山頂標。ここには、地球上におけるこの地の正確な位置を測定した「公共基準点」も設置されている

う。

飛鳥山の標高は25・4メートルと愛宕山にはわずかに及ばないものの、こちらには立派な山頂標が設置されており、山であることを高らかに宣言している。

こうして愛宕山から始まった都心の超低山縦走は、三笠山、摺鉢山、道灌山、駒込富士、藤代峠そして飛鳥山と、七山の頂に登頂して事故もなく無事下山。

さて、せっかく王子まで来たことだし、帰路は日ごろあまり利用する機会のない都電荒川線、つまりはチンチン電車に乗って帰ることにしようかな。

豊洲《とよす》から葛西《かさい》へ。新旧東京湾岸を辿る

東京都

年々開発が続く東京湾岸。そしていつのまにか誕生している新しい島。その変貌ぶりは、東京に暮らしていても情報を更新するのは容易ではない。そもそものこのエリアは若者や家族連れに訴求力のある観光スポット、あるいは完全に居住区として成立したタワーマンション群などが多く、これらの条件に合致しない単独のおじさん旅にはなかなか縁が薄い。晴海《はるみ》や豊洲、辰巳《たつみ》といった人工島の名前は耳にしたことはあっても、それがどんな位置関係にあるのかは伊豆諸島の島々よりもわかっていなかったりもする。そんなある意味、都心のエアポケットのような湾岸を西から東へと徒歩旅行だ。

起点は2018（平成30）年に築地《つきじ》から市場が移転してきた豊洲。予定地から基準値以上の土壌汚染が発覚、その対策のために開場時期が何度も延期になったのは周知の通り。

ゆりかもめの市場前《しじょうまえ》駅を下車したらまずは一度北へ向かい、豊洲大橋のたもとから対岸の晴海を眺めてみる。ずらりとそこに並んでいる建物は、2021（令和3）年に開

催された東京オリンピックで選手村として建設された一群だ。オリンピック後には民間に払い下げられることが決まっていたが、こちらもコロナ禍によって開催が1年遅れたために、引き渡し時期にも大きな影響が出た。なんだかいろいろと延期が多いな、この界隈。

ちなみに自分には縁のないものだとは知りつつも、一応分譲されているマンションの価格を調べてみたところ、やっぱり全然まったく関係のないお話でした。

引き返して豊洲市場へ。開放的だった築地にくらべると、豊洲はビルのなかにある閉鎖型の市場だ。たしかにこのほうが衛生面ではよろしいのだろうが、昭和生まれからするとやはりちょっと無機的で淋しい気もする。一般人は上階に設けられた通路からガラス越しに市場の様子を見学することができるが、このときはすでに時間は昼に近いとあって閑散としたもの。整然と並べられたフォークリフトやトロ箱が、かろうじて早朝の賑わいを想像させてくれる。

ここからは東京湾の島々を伝いながら東を目指すが、豊洲で見物しておきたかったものはまだあって、そのひとつがアーバンゲートブリッジ。これは現在東京で唯一の跳ね上げ橋で、かつてこの界隈には造船所があり、橋はドックだった場所に架けられた。ここからは、豊洲と浅草を往来する水上バスも運航されている。原則、夜間には下ろされて歩行者専用橋として供用されているそうだ。

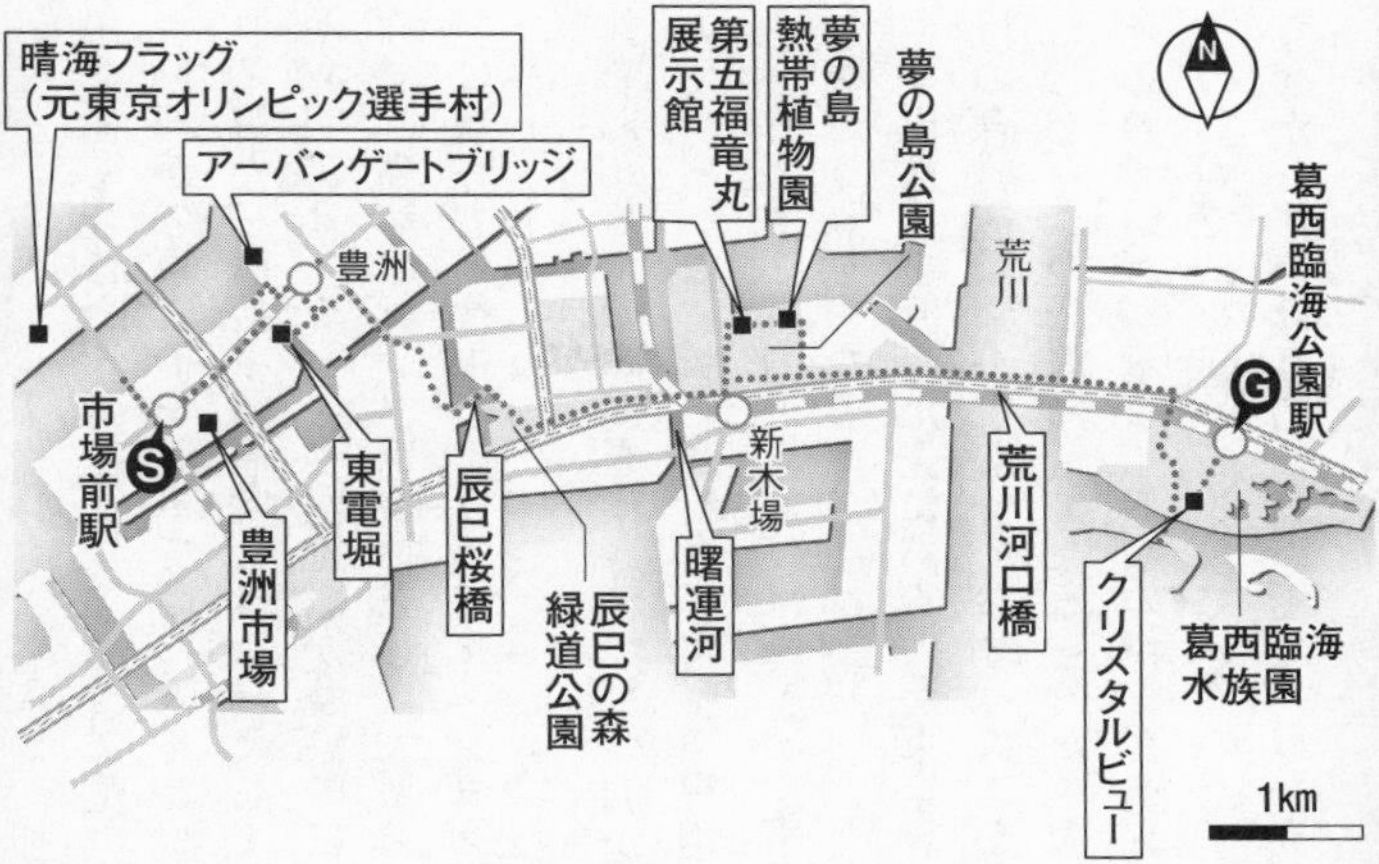

アーバンゲートブリッジからゆりかもめをくぐって南へ向かうと現れるのが東電堀と呼ばれる入り江で、こちらは1956（昭和31）年から1991（平成3）年まで稼動していた新東京火力発電所の遺構だ。当時は海路でここに石炭や石油を発電所に搬入していたという。

　豊洲を歩いてみただけでも、オリンピックに伴って晴海にはマンションが建ち、豊洲には新市場が建ついっぽう、造船所や発電所の遺構があったりもして、明治期には見渡すかぎりの渚だったこの場所にも、すでに町としての歴史が積み重ねられていることを実感する。

　ちなみに豊洲という地名は、1937（昭和12）年、この埋め立て地に町名がつけられるにあたって、「豊」かな「洲（水面上に低く現れた土地)」になるようにとの思いから命名されたそうだ。

豊洲から東雲橋《しののめばし》を渡って南に入ると、その界隈は橋の名前にもなっている東雲と呼ばれる町だ。隣接する有明《ありあけ》とは、島としてとらえればひとつの島。西の有明に国際展示場や有明アリーナといった施設が多いのに対し、東雲は居住区として発展を遂げてきたようで、高層マンションが林立し、大型スーパーやパチンコ店といったものも目立つ。開発は現在も進行中のようで、マンション群の狭間の上空ではタワークレーンが忙しそうに立ち働いていた。

そんなビルの隙間を歩きつつ東へ向かうと、そこでは隣接する辰巳とを辰巳桜橋が結んでいる。この橋、歩行者・自転車専用橋としてはずいぶんと立派。橋脚が少なくてすむ斜張橋形式を採用しているせいか、見た目もスッキリとして優雅だ。歩く旅ではこんな橋がうれしくなる。

辰巳桜橋を渡った先にあるのが東京メトロ有楽町線の辰巳駅。そしてその裏手には辰巳の森緑道公園が広がっており、ここからは緑道を歩くことができる。

しかしこの公園に気になるものが。入ってすぐのところに、子どもがまたがって遊ぶための、いわゆるライド系のパンダ遊具があるのだが、それがきっちりと等間隔に3×4の順列で東を向いて並んでいるのだ。そしてそのほとんどが通常の白黒パンダなのに、なぜか一体だけ紅白のおめでたいパンダになっている。

豊洲大橋のたもとから北を望めば、そこに見えるのは晴海。東京オリンピック選手村をベースにした集合住宅は現在も建築・整備が続けられている

2018（平成30）年に取引が開始された豊洲市場。ビルのなかに収まった閉鎖型の構造で、一般訪問者はガラス越しの廻廊から見学する

いったいこれはなんなのか。もしかしたら遊具ではなく、現代美術の類いなのではと勘ぐったりもしたのだが、周囲にはとくに解説も見当たらず、やってきた子どもはパンダにまたがって楽しそうに遊んでいる。

そしてそんなパンダ隊の隣りには、今度は巨大なタコを模した小山のような滑り台が鎮座している。タコ型の巨大な滑り台の存在自体は耳にしていたが、実物を目の前にするのは初めてかもしれない。

こりゃあ写真に収めなくてはとカメラを向けたときだった。タコ滑り台の近くにいた外国人らしき女性が、こちらに向かって何かを叫ぶ。なにを言われているのかわからずにぼんやりと女性のほうを見ていると、今度は両手で頭上にバッテンのゼスチャーを構える。え、このタコ滑り台、撮影禁止なの？　でもそれをなんでこの女性が？

しかし、あらためてタコ滑り台を見渡したところで疑問は解決した。タコ滑り台の脇には、彼女の小さな娘さんが遊んでいたのだった。彼女は僕が勝手に娘さんの写真を撮ろうとしていると誤解したようで、そうではなくて撮りたいのはタコのほうですよと、こちらもゼスチャーで指差すと、彼女のほうも誤解に気づいたようでニッコリと微笑んでくれた。

言葉が通じない者同士のいさかいなんて、もしかしたらこんな些細な誤解から始まるのかもしれないな。まあこの場合、ド平日の昼間にわざわざ遊具の写真を撮ろうとして

辰巳の森緑道公園に現れた12頭ものパンダ（遊具）の大群！　皆同じ方向を向いて並んでいる。なかにはどういうわけか紅白のパンダも交じる

いるおじさんの存在が、そもそもの誤解の始まりなんだけど。

この公園にはそれ以外にも辰巳の地名にあやかってか、竜や蛇を模したモニュメントが建ち、上空を見上げればそこには首都高の辰巳ジャンクションやりんかい線の線路がそれこそ竜のごとく複雑に絡み合い、昭和が描いた未来図の様相を呈している。

この埋め立て地を辰巳と名づけた当時は、まさかこんな風景が展開されるとは想像もしなかったのではないか。そもそも辰巳の地名は、皇居から見て辰巳、つまり南東に位置するからという意外とシンプルな命名だったらしいし。

辰巳から曙《あけぼの》運河を渡ればその先は夢の島だ。ここはもともとは、戦前に飛行

場建設のために埋め立てられた土地。しかし戦後、進駐軍が羽田を整備したことで空港計画は頓挫。のちに海水浴場として賑わった時期もあるというから驚きだ。

結局、その後は急増する東京のゴミ埋立て場へと成り下がり、一時は爆発的に発生したハエ軍団が江東区一帯に襲来するといった騒動もあった。

僕のようなミッド昭和生まれ世代にとっては、この「夢の島＝ゴミの島」の印象が強く、子ども心にも夢の島とはなんと皮肉な名前をつけたものだと思っていたが、実はこの名前もそれ以前、海水浴場や遊園地施設があった時代にメディアが呼んだ名前がそのまま地名として定着したのだそうだ。夢の島にもまた歴史ありである。

現在は運動場や公園として整備されているが、なかでも隣接する清掃工場からの排熱を利用した熱帯植物館は、ドームを連ねたようなデザインも美しく一見の価値がある。園内で育てている植物も、トロピカルフルーツを実らせる果樹やラン、食虫植物など、植物にさほど興味のない人間でも楽しめるラインナップになっており、一般人の心情をよくわかっていらっしゃる。

そしてもうひとつ。夢の島で忘れてはいけないのが第五福竜丸の展示館だ。１９５４（昭和29）年にアメリカの水爆実験で被曝、乗組員にも多くの被害を及ぼした。現在、船体は館内に展示されているが、ここに至るまでは東京水産大学の練習船として再利用されたのちに廃船。各種部品を外され、スクラップ状態でこの地に打ち捨てられていた

３つのドーム型温室が融合したような、特徴的な外観を持つ夢の島熱帯植物館。館内には滝が流れ落ち、大きなヤシの木も育っている

ものが発見されて、保存されることになったという。

なんだか世界中が集団ヒステリーのような状況に陥っているように思える昨今こそ、こういった歴史の生き証人にしっかり目を向けておきたいなと思ってしまう。

夢の島から荒川にかかるその名も荒川河口橋を渡れば、対岸は葛西だ。区も江東区から江戸川区に移る。この橋はひたすらまっすぐに川を越え、右手には湾岸道路や首都高湾岸線が並走、左手には延々と荒川の川面が続く。徒歩旅行的にはちょっと単調な風景が続くが、渡った先には今回のゴールでもある葛西臨海公園が待っている。

葛西臨海公園は80ヘクタールほどの面

葛西臨海公園の大観覧車は直径111メートル、高さ117メートルと国内最大級の規模を誇る。乗ってみたかったが、ひとりで挑む勇気は出なかった

積を持つ広大な都立公園だ。首都高を走る自動車や京葉線の車窓からもよく見える大きな観覧車がトレードマークになっているが、実はその周辺には緩やかな起伏を持った芝生の広場や東京湾に面した遊歩道も充実しており、陽気のよい季節ならピクニックに訪れるのも最適だ。

芝生の広場ではインド人と思しきグループが、音楽をかけたり踊りに興じたりと大賑わいだったのだが、そのなかで女性たちがどういうわけかみんな顔に色粉のようなものをベタベタと塗っている。

不思議に思って尋ねてみると、実はこの日はインドの大きなお祭りである「ホーリー」の日だそうで、母国でもみんな顔に色粉を塗ってお祝いをするらしい。

葛西周辺はリトルインディアと呼ばれ

るほど多くのインド人が暮らしているが、故郷から遠く離れた極東の島国でもやはりその日を祝いたいんだな。

クリスタルビューと呼ばれる、海辺に面したガラス張りの建物は東京湾の夕陽を眺めるのにも絶好のスポットで、次第に傾きつつある太陽を背景に、多くの人影がシルエットとなって空に浮き出ている。

そんななか、この日は近くの高校で卒業式があったのか、小さなブーケと卒業証書を手にした女子高生たちが、思いきり弾けながら東京湾を背景に高校生活最後の思い出作り中だ。

インドのお祭りや卒業式。さまざまな物語が日々繰り広げられるのも、公園の役割のひとつだろう。僕もそんな彼らの傍らで、公園に集う喜びのご相伴にあずかりつつ、まもなく沈んでいくであろう夕陽を拝ませてもらうことにしよう。

自然と生活環境の絶妙感。武蔵野《むさしの》を巡る

――東京都

東京在住の僕にとって、家から一番近い空港はどこか。羽田ではない。もちろん成田でもない。正解は調布飛行場。厳密には「空港」と「飛行場」は定義が異なるようなのだが、まあかたいことはいわずにここでは民間人が旅行で利用できる空港ということにしておこう。

僕にかぎらず、東京の西部に住む人間にとってはこの調布飛行場が家から最も近いはずだ。実際、伊豆諸島の神津島《こうづしま》を旅するときに、何度かこの飛行場を利用したことがある。2013（平成25）年にターミナルビルが建て替えられて、ようやく空港らしくなったけれども、それまでは工事現場の仮設事務所かと思わんばかりの質素な建物だった。利用した飛行機の定員は8名ほどではなかったか。もちろん機内に通路などなく、自動車のように機内の左右いっぱいに椅子が並ぶスタイルで、それぞれの席の横にはこれまた自動車みたいなドアがついていた気がする。

同じ便を利用した女性は、こんな小さな飛行機での旅にテンションが上がっていたの

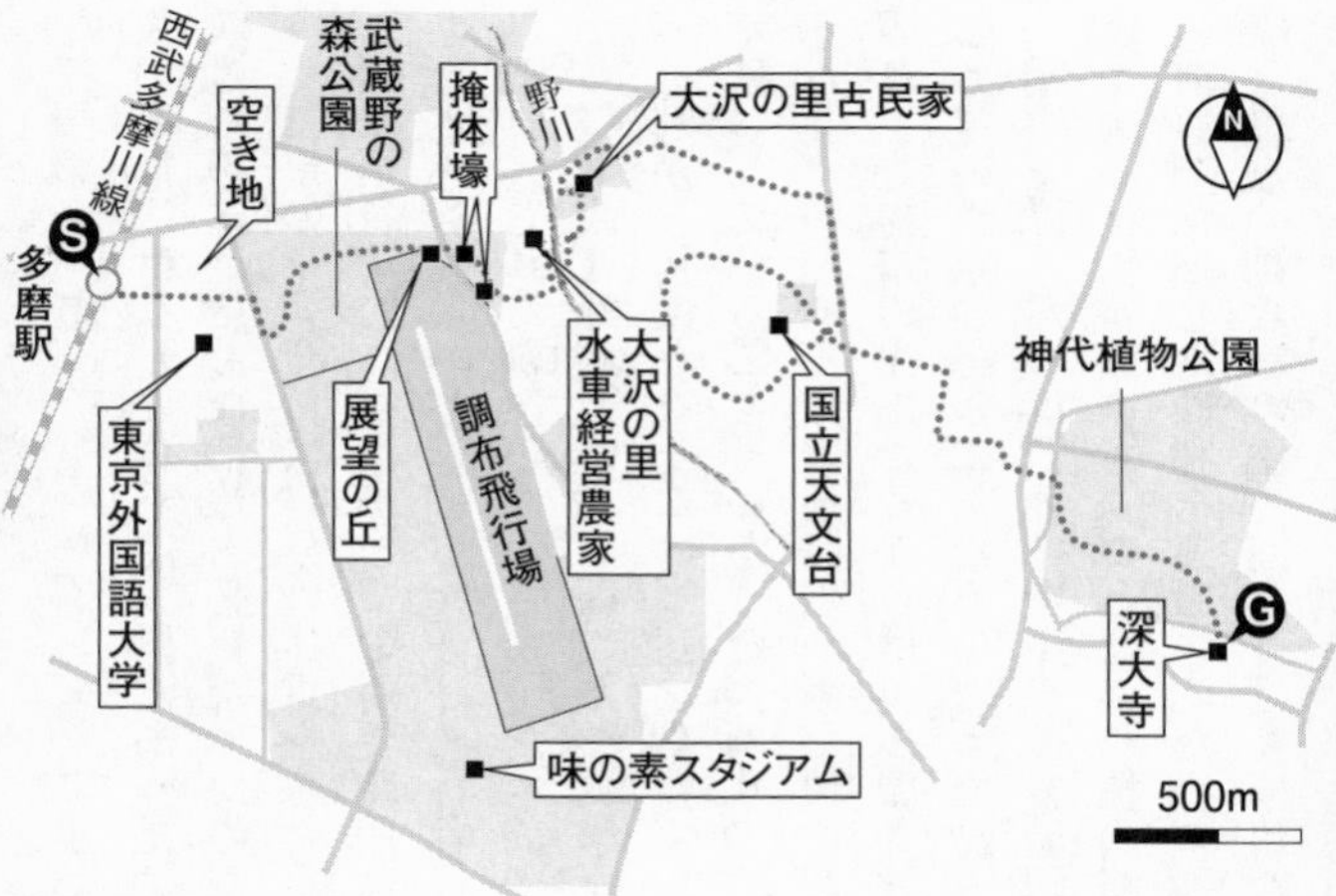

大島、新島、神津島、三宅島など、伊豆諸島と本土を結ぶ航空機が発着する調布飛行場。この日も数機の航空機が滑走路の先に駐機されていた

だろう。真っ先にチェックインをすませようとしたのだが、乗客の名前を書きこむ一覧表の最後にはなんと体重記入欄があった。小さな飛行機なので、左右の重量バランスを取るためにはそんな情報も必要だったのだ。彼女はあわてて列の後ろに並び直し、あやうくほかの乗客全員に自分の体重をさらしてしまうという危機を脱したのだった。

調布飛行場から神津島までの所要時間はおよそ45分。終始有視界飛行で下界の様子がよく眺められるのだが（現在は計器飛行方式になった）、そのとき感じたのが調布空港界隈に残された自然の豊かさだった。詳細はわからなかったがとにかく緑が多く、昔ながらの「武蔵野」というのはこんな風景なのかもしれないなと思った。

それから何度となくこの周辺を歩いてみるようになり、実際このあたりには自然が多く残されていることもわかった。エリア的には三鷹市、府中市、調布市が市境を接するあたり。いわゆる多摩地区の一画だ。ここより西、立川市をすぎると次第に丘陵や山が現れ、青梅《おうめ》市の先あたりからは奥多摩と呼ばれるようになる。つまりこのあたりが平地としての東京の縁辺にあたるのだった。そんなところを一日のんびりと歩いてみる。

電車を降りたのは西武多摩川線の多磨《たま》駅。西武鉄道でありながら、ほかの西武線とはいっさい接続がないちょっと変わり種の路線だが、それもこの鉄道がもともとは多摩川の河原で採掘した砂利を運搬するための砂利鉄道だったことを考えれば合点がいく。実際、終点の是政《これまさ》駅のすぐ向こうは多摩川だ。

多磨駅の「多磨」という漢字表記もちょっと不思議。そもそもこの周辺には「多摩」川をはじめとして「多摩」市、二子「玉川」、そして「多磨」駅と、同じ発音に異なる漢字をあてる地名が多い。

なんでこんなことになったのか調べてみると、そもそも多磨というのが飛鳥時代からこの地にあった歴史ある地名らしい。いっぽうの多摩という地名は明治期の廃藩置県によって置かれた「多摩郡」に由来。では悠久と流れていた多摩川はといえば、この川は江戸時代には「たま川」と呼ばれてはいたが、どの漢字をあてるかはあまり定まっておらず、多摩川、玉川といった複数の表記があったとのこと。

ちなみに今の府中市多磨町の前身は多磨村。この多摩村誕生の際には「多摩村」という表記も候補に挙がっていたのだが、すでに別の多摩村（現在の多摩市）が存在していたことから多磨村になったといわれている。

話が脱線してしまった。とにかく多磨駅から歩き始める。平日の日中だというのに、駅から抜ける道にはずいぶん若者が多いなと思ったら、その先には大学があった。東京外国語大学だ。かつては北区西ヶ原にあったこの大学も21世紀初頭にこちらに移転してきたのだった。

そしてその隣りにはずいぶん広い土地が荒れ地のまま放置されている。よく見ると地面にはコンクリート製の基礎のようなものが散見されるので、以前はなにかあったのだろう。駅から至近の場所になんでこんな広大な土地がと思って昔の地形図を調べてみたところ、１９８１（昭和56）年の同じ場所に表記されていたのは「カントウ村跡地」という文字だった。

カントウ村とはなにか。カントウ村は関東村。これは米軍の関連施設があった敷地らしい。１９６４（昭和39）年の東京オリンピック開催にあたって、それまで代々木にあった米軍施設「ワシントンハイツ」の敷地が返還され、その代替としてこの地にやってきた。１９７４（昭和49）年にはここも返還され、今日に至る。

外語大の敷地ももともとは関東村の敷地だったそうで、現在もそのままになっている土地はおそらく最後まで残されていたものなのか。

地元の女性にこの土地について話を聞くと、「近いうち、大型スーパーマーケットができるのよー」とうれしそうに教えてくれた。

外語大と空き地の間の道を辿っていけば見えてくるのが都立「武蔵野の森公園」だ。都心にくらべてただでさえ広い空がなおさら広く、延々と続く芝生が美しい。園内を歩きながら南の方角に目を向ければ、そこにもまた広大な敷地が広がっており、彼方にはいくつもの飛行機が駐機されている。調布飛行場だ。空が広い理由はこれである。飛行場が近いとあっては高い建物は建てられない。それどころかこの公園は凧揚げも禁止されている。もちろんこれも飛行機が飛ぶにあたっての保安上の理由だろう。

「展望の丘」と呼ばれる小高い場所にはベンチが設置され、ファミリーがピクニックを楽しんでいる。緑の芝生と青い空にはさまれて気持ちよさそうだ。飛行機の離着陸もたまにあるだけなので、ピクニック中だけならさほど気にならないかもしれない、というよりちょっとしたイベント感覚か。

展望の丘から道路を一本渡ったところには、コンクリート製の背の低い倉庫のようなものがあった。ずいぶん古いもののようで、表面はけっこう劣化してしまっている。解説板によるとこれは先の戦争中に構築された掩体壕《えんたいごう》。掩体壕というのは敵機が来襲したときに戦闘機を守るための格納庫だ。敵機が襲来したのに迎え撃たずに隠れてどうするんだとも思ってしまうが、それだけ機体も少なくなっており、いざ本土決戦に備えて温存していたのだろう。当時は同様のものが周囲に60基近く造られたそうだが、現在この公園内に残っているのはこれともうひとつのみ。

このことからわかるように、調布飛行場があった場所は、終戦まで旧陸軍の基地として運用されていた。戦後は進駐軍に接収され、前述したように米軍の施設や住居として用いられていたという。

興味深いのはそんな施設のひとつに、進駐軍が消費するための水耕栽培による農場があったということ。彼らも日本に来たからには日本の野菜を食べないわけにはいかなかったのだが、その頃日本で育てられていた野菜の多くには下肥《しもごえ》、つまり排泄物を原料とした肥料が用いられており、「そんな不潔なもの食えるか！」ということだったと想像する。

武蔵野の森公園を出て東へ向かうとすぐに現れるのが野川だ。野川は隣接する国分寺市に水源を持つ一級河川で、二子玉川で多摩川と合流する。都内の川のご多分にもれず、この川も高度経済成長期には生活排水などによりドブ川に近い状態になってしまったらしいが、その後の下水道整備により徐々に清らかな水を取り戻した。現在、川沿いの遊歩道は散歩やサイクリングのための道として多くの人に親しまれている。

そしてこの野川沿いには江戸期から使われてきた水車が今も残されている。「大沢の里水車経営農家」と呼ばれるものがそれだ。公園からの道が野川にぶつかると、すぐ脇に直径2メートルはあろうかという水車が元気よく回っており、一瞬これがそうかと思ってしまいそうだがさにあらず。こちらはあくまでもレプリカというかモニュメント的存在で、本物の水車はそこから数十メートルほど川沿いを遡ったところに位置する水車小屋のなかにある。

こちらの水車は直径約4・6メートルと、先ほどのよりずっと巨大だ。造られたのは1808（文化5）年頃とされ、それから幾度も補修を行いつつ1965（昭和40）年、野川自体の改修が行われるまで現役であり続けたというからすごい。およそ160年にわたって使われてきたのか。

調布飛行場の末端部分と武蔵野の森公園が接する位置にある「展望の丘」。
芝生にはベンチも用意され、航空機の離着陸を眺めつつのピクニックに最適

武蔵野の森公園に２基のみ残されている掩体壕。入口にはかつてここに格納されていたとされる、旧日本陸軍の三式戦闘機「飛燕」が描かれていた

大沢の里水車経営農家に保存されている水車の様子。歯車をはじめとするさまざまなメカニズムの多くが木製であることに、ちょっと感動してしまう

こちらの家はこの水車の経営で生計を立てていたそうで、つまりは周辺の農家が収穫した米や麦を挽く作業を代行し、それによる手間賃が収入となっていたという。

実際に水車の構造を眺めてみると、水の力による縦の回転運動に木製の歯車をかませて横の回転運動へ、さらにはそれを上下動の力へと変換させる構造は見事だ。

これに加えて左右に振動を加えて挽いた粉をふるいにかけたり、もう一度それを上部に運んで再び挽き直すといったこともすべて水車の動力で行っていたそうで、こうなるといったいどんな構造になっているのか、僕の頭ではちょっと理解しがたい。水車の製作には「水車大工」

国分寺崖線の脇に建つ大沢の里古民家。かつてはわさびの栽培や養蚕を営んでいた農家を復元・整備したものだ。室内も見学できる

という専門の職人がいたそうだが、その技術はやはりほかの大工とはずいぶん異なったものだったのだろう。

大沢の里水車経営農家から野川を渡り、対岸を少し上流にいったところにあるのが「大沢の里古民家」。こちらは1902（明治35）年に建てられた農家で、1980（昭和55）年頃までは実際に人が暮らしていた。一度解体されたうえで、昭和中期から後期の状態に復元されたそうだ。

ちなみに水車経営農家にも古民家にも「大沢」という言葉がついているが、これはこの一帯の地名。古民家の庭先には湿性花園が整備され、初夏になるとホタルが群舞するほか、かつてこの地で栽培されていた「大沢わさび」という固有種のわさびの復活にも挑んでいるという。

わさび栽培というと、奥多摩のような冷涼かつ清冽な水が必須だと思ったが、尋ねてみればこの家の裏手、国分寺崖線からしみ出てくる水がまさにその条件に適っているとのこと。それでも最近は徐々に水温が上がってきてしまっているのが悩みの種らしい。

ここまで来たらその国分寺崖線を上がってさらに東を目指す。先にあるのは国立天文台や神代植物公園。国立天文台は日本の天文学の歴史を俯瞰できるし、神代植物公園は豊かな植物のなかをのんびりそぞろ歩くことができる。

さらに神代植物公園を抜けて深大寺口から出ればそこは古刹・深大寺だ。そして深大寺といえば深大寺蕎麦。お参りをして蕎麦とお酒で旅を締めるというのも悪くないな。なんだかひとりで静かに盛り上がり、足取りは急に軽くなるのだった。

隅田川《すみだがわ》を遡って東京下町縦断

東京都

東京を代表する川として知られるのは、西の多摩川、東の隅田川といったところだろうか。ただし多摩川のほうは稲城《いなぎ》市あたりまでは神奈川県との県境でもあるのに対し、隅田川の起点は北区赤羽の荒川との分流地点、つまり隅田川は全流域にわたって東京都に属するわけで、そういう意味では隅田川こそ「東京の川」と呼べるかもしれない。多摩川を管理するのが国交省なのに対し、隅田川を管理しているのは東京都といったあたりもなんだか故郷の川っぽい。

この隅田川。江戸時代には物流の中心として大いに賑わい、川沿いには数多くの蔵が建ち並んでいたそうで、隅田川沿いにある「蔵前《くらまえ》」なんていう地名はその名残だ。それと同時に江戸っ子たちにとっては身近な遊び場でもあったようで、当時の浮世絵にも隅田川は数多く描かれているし、『鬼平犯科帳』をはじめ江戸を舞台とした時代小説にも頻繁に登場する。

隅田川に架かる吾妻橋《あづまばし》より下流は、「大川」なんていう呼ばれかたもされていたそうで、時代劇を見ていても「てえへんだ！　大川端に土左衛門があがったってよ！」なんてセリフはお馴染みだ。

現在も隅田川沿いには富岡八幡宮から両国国技館、浅草寺《せんそうじ》に東京スカイツリーと、観光スポットが点在し、日本人はもとより海外からの旅行者にも人気が高い。

ただ、実際にはこれらの観光スポットは「点」で語られることが多く、それらの点が隅田川という「線」でどのようにつながっているのかは、地元の人以外はなかなかピンとこないのではないだろうか。そこで隅田川を縦軸に北上しつつ、その界隈に今も残る江戸の風情《ふぜい》を見つけてみよう。

起点となるのは門前仲町《もんぜんなかちょう》。その名の通り富岡八幡宮（厳密には八幡宮の別当寺だった永代寺《えいたいじ》）の門前町として栄えた町だ。そして富岡八幡宮は1627（寛永《かんえい》4）年に創建された神社。将軍家の保護を受け、「深川の八幡様」として江戸の庶民にも親しまれた。

この日はたまたま月に三度開かれる縁日の日で、門前仲町の地下駅から地上に出ると、歩道沿いはすでにいくつもの出店が連なっている。境内には古道具を並べた露店も多くて気になるところだが、スタートからいきなり停滞、ましてや買い物で大荷物を抱え込むわけにもいかず、ここは薄目で情報を遮断しつつお参りだけすませてあとにする。

富岡八幡宮から少し西に歩いたところにあるのが深川不動堂で、こちらは厄除《やくよ》けで有名な成田山新勝寺《なりたさんしんしょうじ》の東京別院だ。もともとは前述の永代寺だったものが、明治維新の廃

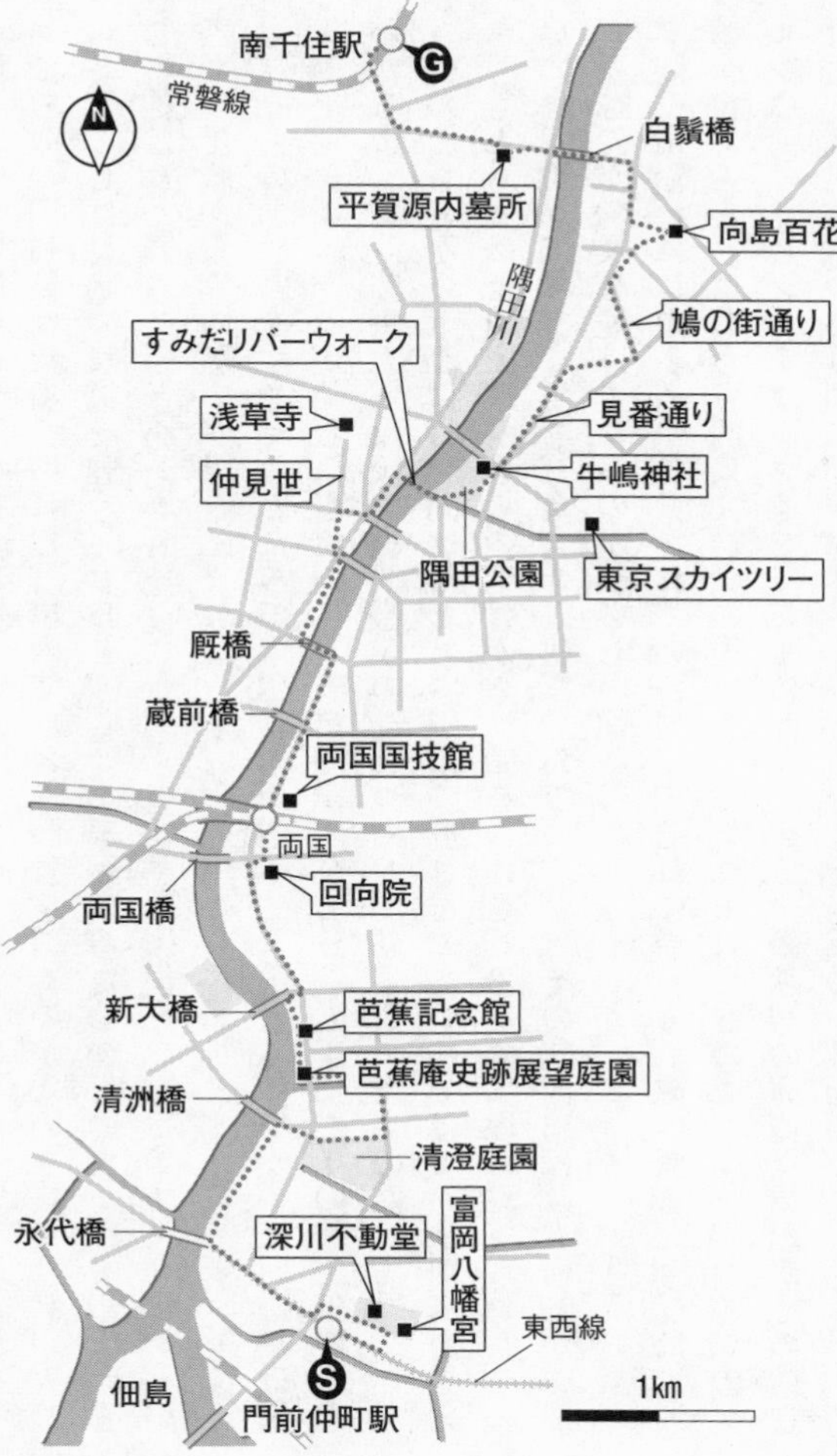
南千住駅
常磐線
白鬚橋
平賀源内墓所
向島百花園
隅田川
鳩の街通り
すみだリバーウォーク
浅草寺
見番通り
牛嶋神社
仲見世
東京スカイツリー
隅田公園
厩橋
蔵前橋
両国国技館
両国
回向院
両国橋
新大橋
芭蕉記念館
芭蕉庵史跡展望庭園
清洲橋
清澄庭園
永代橋
深川不動堂
富岡八幡宮
東西線
佃島
門前仲町駅
1km

仏毀釈によって廃寺に。その後に新勝寺より分霊を祀って今日に至るという。

こちらの御利益は数多くあれど、境内でひときわ目を引くのが人の身長より高い大わらじ。これは足腰の息災を願う「わらじ守り」を奉納するためのものだそうで、大わらじに結ばれたわらじつきのお守りには、「今年も元気に山歩きができますように」といった、足腰がらみの願いが書き込まれている。

旅立ちのお参りをすませたところで隅田川の川辺へ。一番近くに架かっている橋は永代橋だ。シルエットが美しい水色のアーチ橋で、1926（大正15）年の竣工年からもわかるように、関東大震災後の復興事業のひとつとして建造されたものだ。

橋のたもとから下流に目を向けると、隅田川の流れをふたつに分けている佃島《つくだじま》が見える。もともとは徳川家康が大坂の佃村から漁師を入植させるために埋め立てられたこの島には、現在ではタワーマンションが建ち並んでいるが、その狭間には今も何軒かの佃煮屋さんが営業を続けているのが頼もしい。

隅田川沿いには遊歩道が整備されているので、それに沿って上流へ遡ると今度は清洲《きよす》橋《ばし》が目に入る。こちらも関東大震災の復興事業で架けられたもので、当時、ドイツのケルンにあったヒンデンブルク橋をモデルにしたという。鋼鉄製の秀麗な橋だがその構造は自碇式吊橋、つまり頭に浮かぶイメージとは違えど吊橋の一種なのだ。

清洲橋からは少し東へそれて、清澄庭園《きよすみていえん》へ寄ってみる。ここはもともとは江戸時代に

参拝者が絶えない深川不動堂。ひときわ目を引く大きなわらじには、足腰の健康を願う人々のお守りが数多くかけられていた

深川不動堂にほど近い隅田川に架かる永代橋。かつてはこの橋の上を路面電車も走っていた。国の重要文化財にも指定されている

ミカンで財をなしたことで知られる紀伊国屋文左衛門《きのくにやぶんざえもん》の屋敷跡といわれ、のちに岩崎弥太郎が取得して回遊式庭園として完成させた。それを関東大震災後に東京市に寄付、公園として公開されたものだ。なんだか昔の金持ちは、お金の使いかたを知っているよね。公園内を散策すれば欧米人の姿が多い。たしかに都心のこうした庭園は、京都などへ足を延ばす時間のない旅行者でも手軽に体験できる日本の伝統なのだろう。ちなみに僕の母はこの界隈の出身だが、子どものころ、ここの壁の隙間から忍び込んでは遊び場にしていたという話をよく聞かされた。もちろん戦前のことだ。

ここから小名木川《おなぎがわ》を渡って隅田川との合流部までいくと、そこはかつて松尾芭蕉が暮らしていたとされる場所だ。故郷の伊賀から江戸に移り住んだ芭蕉は、多くの俳人と交流を持ちながら一見華やかな生活を送っていたらしいが、やがて孤独や静寂を求めてこの地へ移住。『野ざらし紀行』に記した西への旅、『おくのほそ道』に記した北への旅への数年前のことだったそうだ。

現在この場所は芭蕉庵史跡展望庭園として整備され、隅田川を眺めるような形で芭蕉像が建てられている。少し上流へ向かった先には芭蕉記念館もある。

この先、江東区から墨田区へと区をまたいだところにある大きなお寺が回向院《えこういん》だ。ここは、江戸期に起きた明暦《めいれき》の大火、別名「振袖火事《ふりそでかじ》」の名でも知られる大火災の犠牲者を弔うために幕府によって建立された寺院。

隅田川と小名木川の合流地点に松尾芭蕉は暮らしていたという。現在は史跡展望庭園として整備され、芭蕉像が隅田川に眼差しを向けている

　その死者数はなんと10万人近かったともいわれるので、のちの東京大空襲に匹敵するような大惨事だったことがわかる。それ以外にも安政《あんせい》の大地震や関東大震災の犠牲者の供養塔も祀られており、こうしてみると東京は昔から災害が多い都市なのだなとあらためて身が引き締まる。なかには帆船の形をした珍しい供養塔もあり、これには井上靖の小説『おろしや国酔夢《こくすいむ》譚《たん》』でも知られる大黒屋《だいこくや》光太《こうだ》夫《ゆう》の名が刻まれているそうだ。なんでも、遭難した彼がアリューシャン列島やロシアで必死に帰国を望んでいたころに、すでに死んじゃったと思ってとっとと彫られてしまったものらしい。

　ここまで来たら両国国技館の前を通って蔵前橋を渡って浅草へ。平日なのでのんびりと仲見世でも冷やかそうかと呑気なことを考えていたのだが、いざ現地に着いてみると雷門《かみなりもん》も仲見世も観光客でビッシリだ。コロナ禍の3年に及ぶ不遇の時を経て、浅草もどうやら息を吹き返したようだ。したようだが、とてもそこへと突入する気力は湧かず。

コロナ禍の閑散期間に、東武線の鉄橋に並走して開通させた「すみだリバーウォーク」を歩いて対岸へ渡る。サクラの名所でもある隅田公園の開花はまだ一分といったところで、これからの2週間ほどは花見客でたいそう賑わうことだろう。

墨田公園の一画にある牛嶋神社はこの界隈の総鎮守。境内にある「撫牛《なでうし》」は自分の具合の悪い部位と同じ場所を撫でると治癒するという撫牛信仰で知られている。

不思議だったのはここに建つ鳥居が、通常の鳥居を横に三つ合わせたような「三ツ鳥居」だったこと。これはなかなか珍しいもので、同様のものは以前、奈良の大神《おおみわ》神社で見たことがあった。あちらは日本最古のひとつにも数えられる神社。そんな鳥居がなぜと神社のかたに尋ねてもみたのだが、その縁起については今もよくわかっていないのだそうだ。

牛嶋神社からは向島を北東へ延びる見番《けんばん》通りを北へ。見番というのは今でいうところの芸者屋や料亭の組合事務所を意味するもので、つまりこの通りの名前はここが花街であることを伝えている。道沿いに建つ向嶋墨堤組合の建物の軒下には、現在所属してい

もはや毎日がお祭りのような賑わいを見せる浅草雷門界隈。活気があるのは素晴らしいが、ここに分け入るのにはなかなかの体力と気力が必要だ

る芸妓《げいぎ》の名前が書かれた提灯《ちょうちん》がズラリと提げられていた。

見番通りが切れるあたりから少し右へそれると、合流するのが鳩の街通り商店街。かつてこのあたりはいわゆる赤線地帯として賑わったそうだが、1957（昭和32）年の売春防止法の施行によってすべて廃業。少し前までは路地に入ると当時の面影を残すカフェー様式の建物がそこかしこに残っていたが、それも建て替えなどによってほとんど見られなくなってしまった。

鳩の街通り商店街を抜けた先にあるのが向島百花園だ。これは江戸の文化年間に開園された庭園で、当初は多くのウメの木が植えられていたが、文人墨客に愛されるようになると、中国や日本の古典

向島を歩いていると目に入ったのが見番（向嶋墨堤組合）の建物。軒下には芸妓さんの名前が書かれた提灯が連なり、なんだか風情がありますなあ

に登場する植物があまた育てられ、その後、百花園の名で庶民たちにも愛されるようになった。先の戦争では空襲によって壊滅に近い被害を受けたものの、戦後に地元有志により復興。そんなことを知ってか知らずか、この日も多くの人が園内の植物をのんびりと眺めながら散策していた。

いつもならこのまま隅田川沿いを北上し、千住大橋《せんじゅおおはし》を経て酒呑みの聖地・北千住へ抜けて旅を締めるところだが、この日は白鬚橋を渡ってあえて西へ。そこには平賀源内のお墓があり、ぜひともお参りしたかった。

平賀源内といえば、一般的にはオランダ製の静電気発生装置「エレキテル」の修復や燃えない布「火《か》浣布《かんぷ》」の開発、土用丑の日にウナギを食べる風習の提案などで知られているが、それ以外にも蘭学、地質学、本草学、医学などさまざまなジャンルに実績を残す。いわゆる天才肌の人だったのだろう。そのいっぽうで刃傷沙汰を起こして投獄、そのまま獄死するというあたり、なかなか豪快かつ大胆な人柄でもあったようだ。

平賀源内のお墓は住宅街の一画、周囲を壁に囲まれたなかにあった。入口には閂《かんぬき》のついた扉が設けられていたが鍵はかかっておらず、誰でも自由に出入りができる。近所の人によるものなのか墓前はきれいに掃除され、花とお酒が供えられていた。

江戸時代というとなんだか大昔のような気もしてしまうが、実はまだ明治維新からは150年ほどしか経っていないのだ。実際、数年前に自分の先祖を遡る作業をしたことがあり、そのとき自分のひぃひぃおばあちゃん（「高祖母」というらしい）が江戸時代の元治《げんじ》元年生まれであることに驚いた。そして戸籍をそこまで遡れることにもっと驚いた。江戸時代は想像するよりはずっと最近だ。

第二章

歴史に秘められた不思議

奥秩父《おくちちぶ》に眠る廃トラックを見物に

山梨県

その存在はかなり以前から知っていた。奥秩父の山中にずっと昔から、ひっそりと佇んでいる一台の廃トラック。歩いてしか辿り着けないそんな山のなかに、なぜトラックが朽《く》ちているのか。その理由は誰にもわからない、なんてまるでヘミングウェイの『キリマンジャロの雪』の冒頭のような話だが、廃トラックはたしかにそこにある。

山好き、廃墟物件好きの間ではそこそこ知られた存在で、ネットの検索にかければポツポツと写真も閲覧できる。僕もそんな写真を目にしつつ「そのうち行ってやろう」と思っていたのだが、最近の写真を見ていてあることに気がついた。

昔見たときよりも明らかに劣化が進んでいるのである。以前はもっと車体としてしっかり独立していたような気がするのだが、だんだんと地面と一体化しつつあるようにも見える。これはいけない。このままでは実物を見にいったときにはすでに「廃トラック」ではなく、「廃トラックだったもの」になりかねない。慌てて奥秩父山中へと向かう。

腰が重かった理由のひとつにはアクセスの不便さもあった。起点となる山梨県甲州市に位置する柳沢峠へは、マイカーならなんなく行くことができるが、公共交通機関はJR中央本線の塩山駅から出る路線バスのみ。しかも4月から11月にかけての週末のみという運行で、さらに本数は午前と午後に1本ずつ。自動車を運転しない僕にとってはちょっとハードルが高かった。

秋の大型連休初日とあって、塩山駅を出発したバスは登山者で満員だったが、途中の大菩薩峠登山口バス停で大半が下車。柳沢峠まで乗ってきたのは数人にすぎなかった。これでは週末のみ運行なのもしかたがないか。その彼らも目指すのは南東の大菩薩嶺か東の鶏冠山《とさかやま》のようで、北上する尾根に入る人間はほかにいない。

まずは青梅《おうめ》街道から分岐する笠取林道に入る。入口がゲートで閉ざされ、一般車輛の進入を制限していたが、歩き出してみると道はしっかり整備され、通行に支障が出るような場所はとくにない。周囲の森は紅葉の始まりかけといったところ。風もなく、聞こえてくるのは野鳥のさえずりだけだ。

1時間ほど歩き、板橋峠に到着して驚いた。一面が太陽光発電のソーラーパネルで埋め尽くされているのだ。たしかこのあたりは、バブル期に深静峡《しんせいきょう》というリゾート施設が展開されていた場所だ。営業的にはうまくいかなかったようで、その後廃墟化。残ったレストハウスには物好きな人間がやってきては肝試しなどに興じていたそうだが、のちに不審火によって全焼したと聞いていた。

それがまさかこんな大規模な太陽光発電プラントに置き換わっていようとは。プラント内には一台のワンボックスカーが停められ、周囲では作業員と思しき男性たちが休憩中のようだった。

ここからは尾根通しに山道を歩いていく。尾根は細かなアップダウンを何度も繰り返すが、防火帯として樹木が伐採されているのだろう。周囲は草原のような様相で風が爽やかだ。樹林越しには、折り重なるように続く奥秩父の山々がよく見える。

やがて標高差60メートルほどの直登を登りきると、そこが倉掛山の山頂だった。標高1777メートル。倉掛山の北側は切れ込んだ斜面になっていて、登山道はそれを避けるように東へと回り込み、標高をどんどん下げていく。すると山腹を並走するように延

周囲は奥秩父の深い山並みに包まれている。こんな山のなかになぜトラックが……。そんな素朴な疑問からこの旅は始まった

びている広めの山道と合流。そしてその道がひときわ広いスペースに飛び出したところが白沢峠だった。

峠の少し南側にそのトラックは駐められていた。トラックとしては小さい部類になる。車体全面が錆《さ》びついており、もともとどんな色だったのかはちょっと想像がつかない。車軸はすでに折れているようで、前輪の右タイヤも真横にひしゃげてしまっている。

運転席の扉にはハンターが遊び半分で撃ったのか、弾痕のようなものがいくつも残っている。それでも扉やボンネットに手をかけてみれば、今でもちゃんと開閉できるのがちょっと驚きだ。

ひときわ目を引くのが、荷台を貫通して伸びている樹木だ。幹は途中で枝分かれしているが、根元の太さは直径20センチ、高さは7〜8メートルといったところか。

実はこの樹木の存在も、ここへ足を運ぶのを慎重にさせる原因のひとつとなっていた。一時、この木はサクラだという噂がまことしやかに流れていて、ならばやはり満開の季節に訪れてみたかったのだ。

しかしこんな標高の高い山中にあり、しかもどんな種類のサクラかもわからないとあっては、いったい花はいつ咲くのやらと出かけあぐねていた。そのうちに、あれはどうやらサクラじゃないらしいという話も耳にするようになり、どうしたものかと時だけが過ぎていった。

今回訪れたのは秋とあって、花はもちろん葉もすでに落としていたが、実際に来てみて、それまで写真で見ていただけではわからなかった事実も発見。

トラックから伸びている樹は一本だけではなく、運転台と荷台の隙間からも小さいながらももう一本育っている。こちらも樹種こそわからなかったものの、まさに黄葉の時期を迎えていた。

そして実際に訪れるまでは、そもそもこんな山中に、どうやってこのトラックはやってきたのか不思議だったが、来てみるとこれもわかってきた。白沢峠に辿り着く直前に合流した広めの山道。あれが昔はもっとしっかりとした林道だったのに違いない。界隈で伐採した木材をこれに積んで山麓に下ろしていたのか。

やがて辿り着いた白沢峠。日当たりのよい峠のやや手前に廃トラックはあった。荷台を突き破って伸びている樹木の大きさに時の経過を感じる

そしてなんでこんなところに置き去りにされたのかといえば、一番想像がつきやすいのはトラック自体の故障だ。山中では修理できない致命的な故障が発生。とりあえずここに駐めておき、下山してから交換部品などを持参して戻ろうとしたもののなんらかの理由でかなわず。結局、置かれるがままになったのではないだろうか。

では、いったいそれはいつごろのことかというところで、このトラックの車種がヒントになる。実はこれはかつて米軍が使っていたダッジのWCシリーズと呼ばれるモデルのようで、そもそもはトラックではなく野戦救急車などに使われていたものらしい。

それが民間に払い下げられて、トラックに改造のうえ使われていたのか。だとすると時代は太平洋戦争後、およそ70年ほど昔のことかと想像できる。それだけの時間が経っていれば、荷台から伸びた樹木があそこまで大きくなっているのも納得だ。

あくまでも推測の範囲ではあるが、白沢峠の廃トラックについておおよその素性はわかった。ならば今回の旅も終了かといえばちょっと待て。実はさらに奥に入ったところに、もう一台の廃トラックが眠っているという話を聞いていたのだ。

せっかくここまで山道を登ってきたのだ。ならばそちらも拝まずに下山する手はない。ただ白沢峠のトラックの場合、「白沢峠」という具体的な目標地点があったが、もう一台は、さらに北へ続く山道のどこか、という情報しかなかった。下山にかかる時間、そして下山後に乗るバスの時刻を考えると、探索に使える時間はあと2時間ほど。とりあ

山道にはシバグリの葉、そして実がたくさん落ちていた。野生動物の格好の餌なのだろう。イガの中身はほとんど見当たらない

えず1時間ほどその山道を進んでみて、それで見つからなければあきらめて戻るプランを立てて、いざさらに奥へ。

白沢峠からの道も普通の登山道よりは道幅があり、ここも以前はトラックが往来できていたのだろう。しかし自動車が通らなくなり、整備もされなくなって長い時間が経ったせいか、場所によっては塹壕《ざんごう》状に深くえぐれてしまい、今日では自動車はおろかバイクが通るのも難しそうだ。

当初は「10分も歩けば現れるのでは」なんて都合のいいことを考えていたが、20分歩いても30分歩いても出てこない。道自体にそれほどアップダウンがあるわけではないのだが、それでも少しずつ疲労は足にたまってくる。いくつも見通しの悪いカーブが続くなか、「あそこを曲がったらありますように！」と願いつつ、そのいっぽう「あそこを曲がったらいきなりクマが、みたいなことはありませんように！」とも願う。この一帯はクマが多いことでも知られているのだ。

40分以上歩き、このまま歩けば、ほかの道との合流点に出ちゃうんじゃないかというところまできた。それはここにはもはやターゲットはないことを意味する。そもそも踏み込んだ山道自体を間違えたか。あるいは誰かが持ち去ってしまったか、なんてありえないような想像まで頭のなかに浮かんだころ、まさに山道の曲がりっぱなにそいつは現れた。

白沢峠のそれにくらべるとかなり大きい。後輪は左右それぞれに4つずつ着いており、その上には長い荷台が。伐採した材木を搬送するならこのぐらいの長さのほうが適正だろう。

興味深いのは停まっているその状況だ。ボンネットと運転席はかろうじて山道にあるものの、車体の後部は斜面にずり落ちているのだ。おそらくこれは、トラックが現役だったころにトラブルに遭遇したままの姿ではないか。

つまりはこのカーブでスリップして脱輪、あるいはすれ違いなどの理由で端に寄せすぎて脱輪。自力ではどうにもならず、なんらかの方策を考えつつとりあえずはここに放置、といったあたりではないだろうか。

山道の奥に残されていたもう１台の廃トラック。白沢峠のそれにくらべるとずいぶんと大型で、車輪は前後合わせて10本もついていた

登山道とはいえ、ちょっと緊張感を強いられる道。雨に濡れて滑り、ところどころ苔むし、そして谷側は切れ落ちている。四つん這いで突破

それを証明するように車体の前部からはワイヤーが延びていて、これ以上滑り落ちないように手段を講じたと思われる様子が現在もそのまま残っている。

結局、大きな車体を引きずり上げる方法は見つからなかったのか、あるいはあったとしても経費的に見合わなかったのかで、こいつも放置されるがままになったのかもしれない。

ちなみにこちらのトラックは、アメリカ製のGMC CCKWシリーズという車種らしい。やはり米軍の軍用トラックに採用されていたそうで、これも戦後に払い下げられてこの地で第二の人生を迎えたのだろう。そしてそのままここで第二の人生も終えることになってしまったのだろう。

軍用だけあってトラックは六輪駆動だったそうだが、それでもこの局面を切り抜けることはできなかったようだ。

さて、第二の廃トラックとも対面でき、時間的にもなんとか間に合った。あとは一度白沢峠まで戻り、そこからは西の笛吹川沿いの国道へ至る登山道を一気に下るだけだったのだが、実はこの下山路、想像していたよりもずっと剣呑だった。切り立った沢筋の細道をへつったり、切れ落ちた崖の際を前夜の雨でツルツル滑るハシゴ状の木橋で通過するなど、厄介な難所が待っていた。無事にバス停に辿り着いたときには、いろんな意味で少しホッとした。

屏風《びょうぶが》ヶ浦《うら》と「うつろ舟」

千葉県・茨城県

利根川《とねがわ》は群馬県の大水上山《おおみなかみやま》を水源として関東地方を横断、埼玉県、茨城県、千葉県と流れ、最後は茨城と千葉の県境を形成して太平洋へと注ぎ込む日本有数の大河だ。流域延長は300キロを超え、坂東太郎の異名を持つ暴れ川でもある。

この利根川の河口域にかねてから訪れてみたい場所があった。ひとつは利根川河口の南側、銚子《ちょうし》市から旭市へと続く全長10キロにわたる長大な海蝕崖《かいしょくがい》・屏風ヶ浦だ。高さ50メートルほどの崖が見渡すかぎりに続くさまは、すでに江戸時代後期には観光名所として人気だったようで、歌川広重の『六十余州名所図会《ろくじゅうよしゅうめいしょずえ》』にも「下総《しもうさ》銚子の濱外浦」として描かれている。

この図会にはほかに宮城の松島や京都の天橋立《あまのはしだて》なども描かれており、つまりはそれらと並ぶ絶景だと見なされていたわけだ。近年では、その風景がイギリスとフランスを隔てるドーバー海峡のホワイトクリフを思わせることから、「東洋のドーバー」と呼ばれたりもするらしい。「東洋の〜」という表現自体がなんだか昭和っぽいけれど。

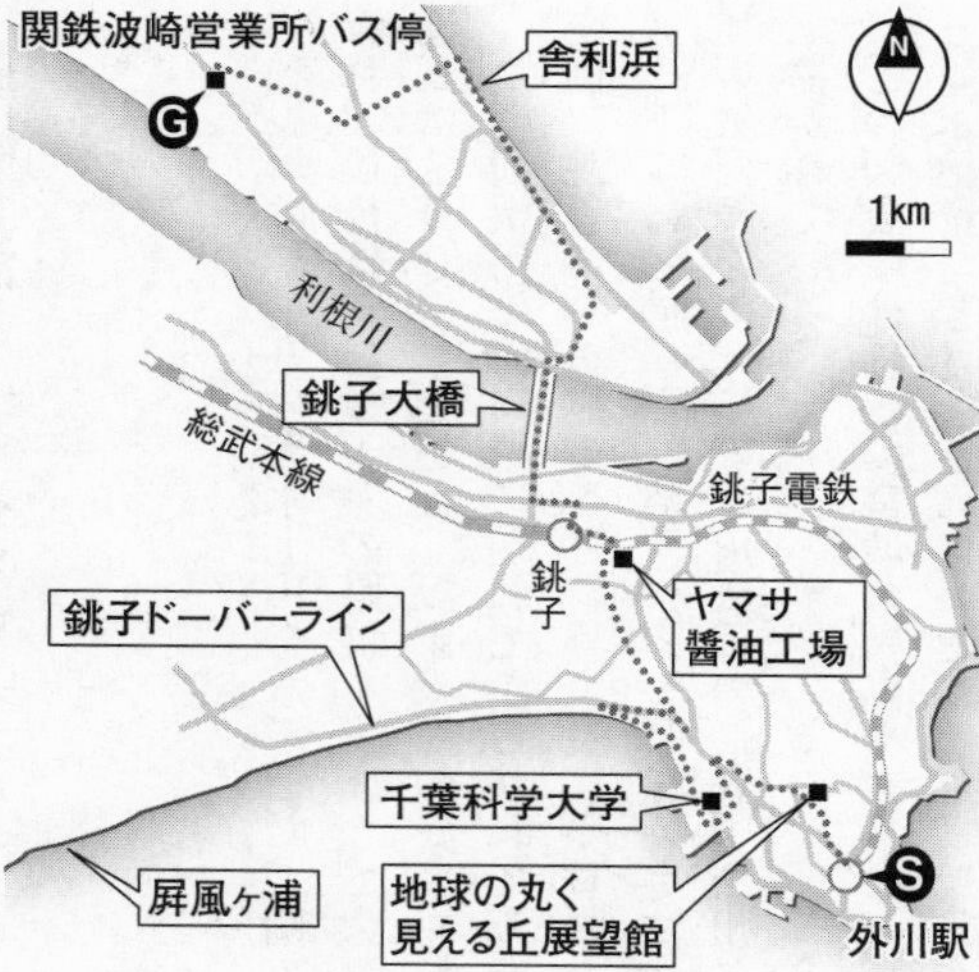

そしてもうひとつは、屏風ヶ浦とは逆に利根川の北側。こちらには鹿《か》島灘《しまなだ》に沿って広大な砂浜が延びているのだが、その利根川からほど近い場所に舎利《しゃり》浜《はま》という地名がある。近年、この界隈が江戸時代から伝わる不思議な事件「うつろ舟」の舞台だったのではないかといわれているのだ。

「うつろ舟」というのは、おおざっぱに説明すると1803（享和《きょうわ》3）年に起きたとされる未確認物体および人らしきものの漂着事件だ。5・5メートルほどの大きなお釜のような形をした乗り物のなかからは、異人の女性らしき姿をした人が現れた。言葉はまったく通じず、乗り物のな

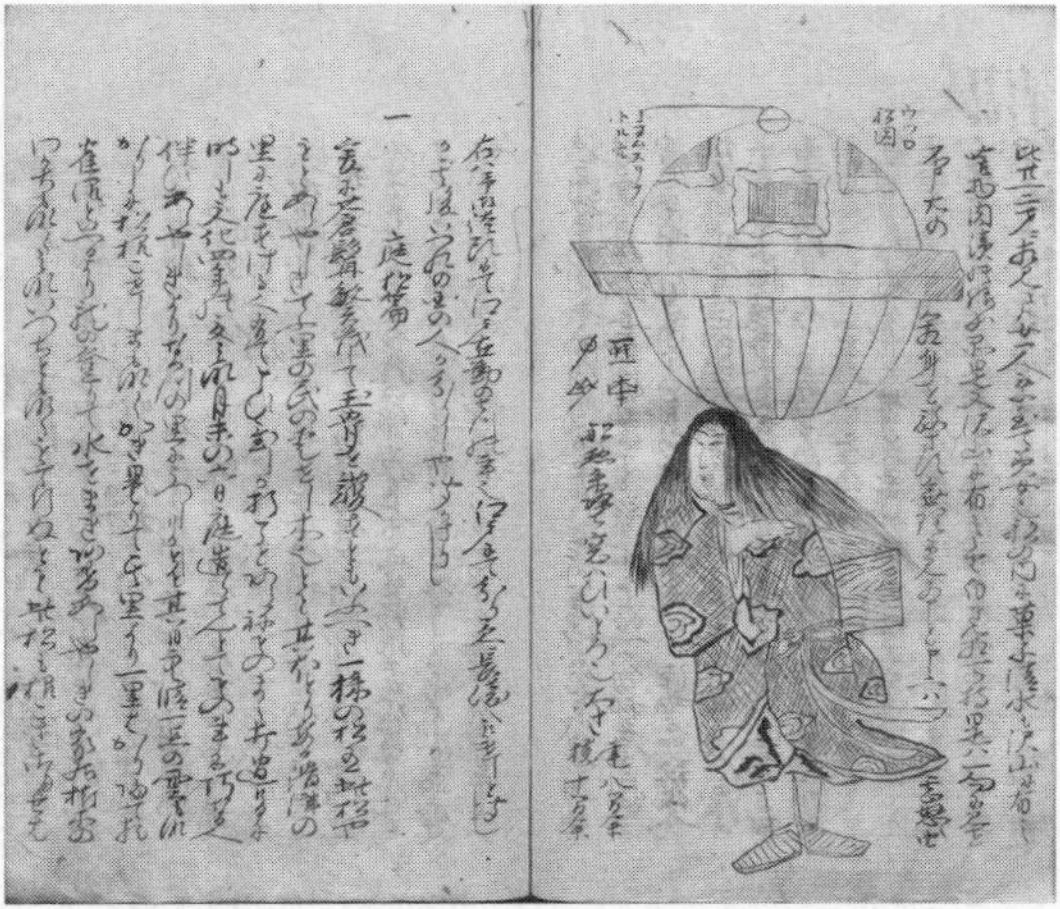

「うつろ舟」について書かれた江戸時代の文献『鶯宿雑記』。松平定信に仕えた駒井鶯宿による叢書だ（国立国会図書館デジタルコレクションより）

かには瓶に入った水、いくらかの食料らしきものが積んであった。船内には見たことのない不思議な文字も書かれていた。女性は60センチ四方ほどの箱を抱えており、そのなかは決して見せなかったという。当時は鎖国下だったこともあり、発見した地元民は後難を怖れて再びその女性を乗り物ごと沖合に流してしまったと伝わっている。

その姿はいくつかの文献に残されており、今もときどき書籍や雑誌などでも紹介されるので、記憶にある人も少なくないだろう。

この話がたびたび話題になる一番の理由は、お釜のような乗り物というのが、現代でいう「空飛ぶ円盤」

にそっくりだったこと。つまりこれは近世に発生したUFOとの遭遇で、搭乗していたのは宇宙人だったのではという説がまことしやかに流布したことによる。

文献に書かれた地名は実在しないもので、そのことからこの話はフェイクであるという説、逆にあえて地名を伏せて関係者に迷惑がかからぬようにしたという説、なかには事件をすべて抹消するために、その土地自体を消滅させたなんていう説もあるぐらいで、まさに百家争鳴。

ところが近年、話の真偽はともかくとして、どうやらこのあたりが舞台になったようだという新資料が発掘され、その場所が前述の舎利浜界隈らしいのだ。

舎利浜なら、銚子の屛風ヶ浦と併せても東京から十分日帰りで訪問可能。屛風ヶ浦が自然が造った驚異とすれば、「うつろ舟」のほうはまさに歴史に秘められたミステリーの驚異。これらを直接この目で確認するために、朝早くから銚子行きのJR総武本線に乗り込んだのだった。

JR銚子駅のホームに降りると、同じホームのさらに先にあるのが銚子電鉄の銚子駅。これに乗り継いだ終点が外川《とかわ》駅だ。この駅には今まで何度か来たことがあるが、相変わらず質素ながらも趣深い素敵な駅だ。1923（大正12）年開業当時のままだそうで、もう1世紀にわたってこの地に建っていることになる。旅人のエゴであることは重々承知だが、できればこのままの姿で今後も存続してほしいなと願ってしまう。

趣のある銚子電鉄の終点・外川駅。手書きの時刻表や木製のベンチなど、駅舎内にも歴史を感じさせる備品が残り、今も現役で使われている

外川駅からまず向かうのは、3キロほど北西に位置する屛風ヶ浦だが、その前に途中の「地球の丸く見える丘展望館」に立ち寄る。ここの見ものは文字通り屋上に設けられた展望施設だが、それと同時に、以前訪れたときに銚子で目撃された空飛ぶ円盤に関する展示があったのを思い出したのだ。そのときはさして気にも留めなかったものの、「うつろ舟」事件との距離的な近さに気づいて、もう一度確認しておきたくなった。

それによると事件があったのは1956（昭和31）年。鹿島灘から銚子上空に向けてUFOが高速で通過、それを30人以上の人間が目撃していたそうだ。さらには翌日、近くの小学校の校庭にアルミ箔状の謎の金属片がまとまった量で発見されたという。謎の金属片といえばいつのまにか人体に埋め込まれるものとばかり思っていたが、こんなこともあるらしい。

これとは別の1988（昭和63）年には、利根川河口で釣りをしていた大勢の人が上空から飛来した青白い光が落下、海面スレスレで急停止のうえ平行移動しつつ、5つに分裂して消滅したのを目撃した話も最近耳にした。いずれも正体は不明という意味では、まさにUFO（未確認飛行物体）と呼ぶべきものだと思うが、どうやらこの地域はそういったものの目撃報告が多いようだ。そんなことを考えつつ展望施設から周囲の青空を眺め回してみたが、残念ながら空にはまったく異変なし。

「地球の丸く見える丘展望館」が建つ愛宕山《あたごやま》からは、周囲の畑を抜けてどんどん標高を落として屛風ヶ浦へ。銚子はキャベツやトウモロコシの生産地としても知られているのだが、季節柄ちょうどその端境期にあたるようで、植えられていたのは小さなトウモロコシの苗のみ。ところどころにキャベツのような植物がポツンと生えているのは、もしかしたらこぼれ種から育った野良キャベツなのか。

海沿いに出て千葉科学大学の脇を抜けると、その先には太平洋がドカンと広がっていた。そしてそこから西を望めば、屛風ヶ浦がその名の通り屛風のようにはるか彼方まで続いている。おお、たしかにこれは絶景だ。

ここからは崖下に続く遊歩道を辿り、ときには砂浜にペタペタと足跡を残しながら歩

外川駅から畑のなかを歩くことしばし。季節柄か、なにも植えられていない畑が続いていたが、ようやく立派に実った収獲前のキャベツ畑が現れた

いていく。

　この崖は、張りだしていた下総台地が海に削られ続けることでできたそうで、沖合に黒潮が流れるせいか波はたしかに荒々しく、その波を求めてやってきたサーファーの姿もチラホラ見られる。

　そんな海蝕の影響を少しでも軽減するためか、崖下には数多くのテトラポッドが放り込まれており、それがちょっと景観を阻害しているともいえるが、処置をするまでは1年につき50センチから1メートルも削られ続けてきたそうだ。崖上には一般の私有地も少なくなく、さらにいえば年々それだけ国土が減り続けるのをそのまま放置するわけにはいかなかったのだろう。

　実際、この対策で浸食はケタ違いに少

なくなったそうだが、そのいっぽう、それまでここから流出していた砂が激減。結果として隣接する九十九里浜の砂浜がやせてきてしまい、それはそれで大きな問題になっているという。自然のバランスは本当に微妙で、なにがどこでどんな影響を与えるのかわからない。

さて。屏風ヶ浦に沿って歩き続けるのはいいが、右手には延々と崖がそそり立っている。これ、どこかで崖の上に上がれるんだろうかと不安を感じはじめたところで、ようやく崖を切り分ける舗装路が入り込んできていたので、ここを登って屏風ヶ浦に別れを告げる。

崖の上に出ると、そこには一本の車道が通っていた。ほかに選択の余地はないのでとりあえずこの道をトボトボと歩いていくが、歩行者スペースが狭いわりに、まっすぐに延びる道にはけっこうなスピードで自動車が走り抜けており、すれ違いがちょっと怖い。一刻も早く脱出したいものの、道自体が集落などより一段高い場所を通っていて、両サイドはガードレールに隔てられていてどうにもならない。

しばらく歩いたところで、まるで高速道路の出口のように車道が分岐しているところが現れてようやく解放された。

調べてみるとこの道は1972（昭和47）年に有料の観光道路として造られたそうだ。現在はすでに一般道に格下げになっているが、それでも道路の設計は当時とあまり変わ

太平洋に沿って延々と続く屏風ヶ浦。2016（平成28）年には国の天然記念物にも指定された。特徴的な光景はドラマやＣＭの舞台としても目にする

らないのだろう。歩くのには決して向いている道ではなかった。

ここからは集落沿いの旧道を北上。途中でだんだんと醤油の匂いが漂ってきたことで、銚子駅が近いことがわかる。銚子といえば醤油の街。駅の近くにはヤマサ醤油の大きな工場もある。

そして銚子の街を抜けると、その向こうに横たわるのが利根川だ。銚子大橋でこの大河を渡る。全長１・２キロにもなる橋は２０１３（平成25）年に架けられたもので２代目。初代は１９６２（昭和37）年に完成した。それ以前は渡し船が往来しており、橋が完成してからもずいぶん長い間運航を続けていたそうだ。

これまでにも幾度となくあちこちで利根川を渡ってきたが、歩いて渡るのは初

めてかもしれない。橋のちょうど真ん中には千葉県と茨城県の境界を示す標識が掲げられているが、これは徒歩や自転車で渡らなくてはなかなか確認できないだろうな。

橋を渡りきるといきなり「鹿島サッカー場」を指示する看板が現れて、茨城県に入ったことを実感する。いよいよ目指すは舎利浜である。民家が点在するなかを抜け、浜沿いに建つ風力発電用の巨大なプロペラ風車を目印に浜辺へ近づくも、並走する道路から浜へと入る経路が見つからない。

ようやく砂の土手を越える踏み跡が見つかったので、そこから浜辺へと降り立つと、そこにあったのは打ち寄せる海と砂浜だけの世界だった。想像以上に茫漠とした風景だ。目に入る人工物は遠くに並ぶ風車と倉庫のような箱形の建物のみ。

そんなところをひとりポツンと歩きながら、やがて舎利浜に辿り着く。風景は相変わらずだ。足元にはこの地の名産であるハマグリの貝殻をはじめとして、漁業用のブイやロープ、流木、異国の文字が印刷されたペットボトル……。沖合を黒潮が通過するだけあってさまざまな漂着物が打ち上げられている。

江戸期にもいろいろなものが流れ着いたに違いない。鎖国というある意味情報封鎖が施された世の中とあって、なかにはまったく素性不明のものもあったはずだ。ときには遭難者の遺体が打ち上がったりもしたかもしれない。そもそも舎利浜の地名の由来も、そんな遭難者の舎利（遺骨）がたびたび流れ着いたためという説もあるぐらいだ。

利根川の最下流に架かる銚子大橋を歩いて渡り、千葉県から茨城県へ。潮の干満の影響だろうか、橋上からのぞき込んだ川面は複雑に渦巻いていた

辿り着いた舎利浜にはひとの気配はなかった。沖合には商船が渡る。広大なこの砂浜に、そのときいったいなにが流れ着いたのだろうか

そんななか、その日ここにはいったいなにが漂着したのだろうか。あるいはなにも漂着しなかったのに、そんな漂着物群から「うつろ舟」の話は誕生したのか。

実は「うつろ舟」の話は舎利浜だけでなく、日本各地に点在していたそうだ。そのなかでもここの話が世に広く知られるようになったのは、当時の好事家《こうずか》の集まりだった「兎園会」という会で語られ、メンバーのひとりであった滝沢馬琴が紹介したのがきっかけらしい。滝沢馬琴といえば、伝奇ロマンの長編小説として知られる『南総里見八犬伝』の著者だ。彼がこの話に関わっていたとすると、もしかするとそこには彼流のアレンジが加わった可能性も……。

「うつろ舟」の話が事実であるか否かはともかくとして、いずれにしてもそんな話の元となるなんらかの「種子」はあったのだろう。まったくのゼロからこんな話を作り上げるのは、それこそ生半可な想像力では困難だ。それでは、その「種子」とは果たしてなんだったのか。

ひと気のない舎利浜にひとり座って、沖合を通過する商船を眺めながら、そんなことをぼんやりと考えていた。

房総《ぼうそう》の素掘りトンネル群巡り

千葉県

房総丘陵の素掘りトンネル群を知ったのは、養老渓谷近辺の里山を歩いたときだった。山間を抜ける道に、やたらと素掘りのトンネルが掘られていたのだ。その大きさは概して自動車一台が通れる程度だが、高さはジャンプすれば天井に届きそうなものから、思わず見上げてしまうようなものまでさまざまだ。

共通しているのは、壁面にいかにも人力で掘ったのだろうと思わせる痕跡が残っていること。素掘りのままで表面にこれといった処理も施していないため、積み重なる地層の縞模様が露わなものも珍しくない。

そんなトンネルを抜けながらふと傍らを流れる川に目を遣れば、今度は川が暗い穴に流れ込んでいる。崖を回り込んだそのすぐ先で再び日の光を浴びていることもあれば、そのままどこかに消えてしまい、はたして川はいずこにと不思議になることもある。

トンネルと呼ぶよりは、ちょっと古めかしい「隧道《ずいどう》」という言葉が似合うそんな土木構造物を探して、房総の丘陵地帯を歩いてみた。

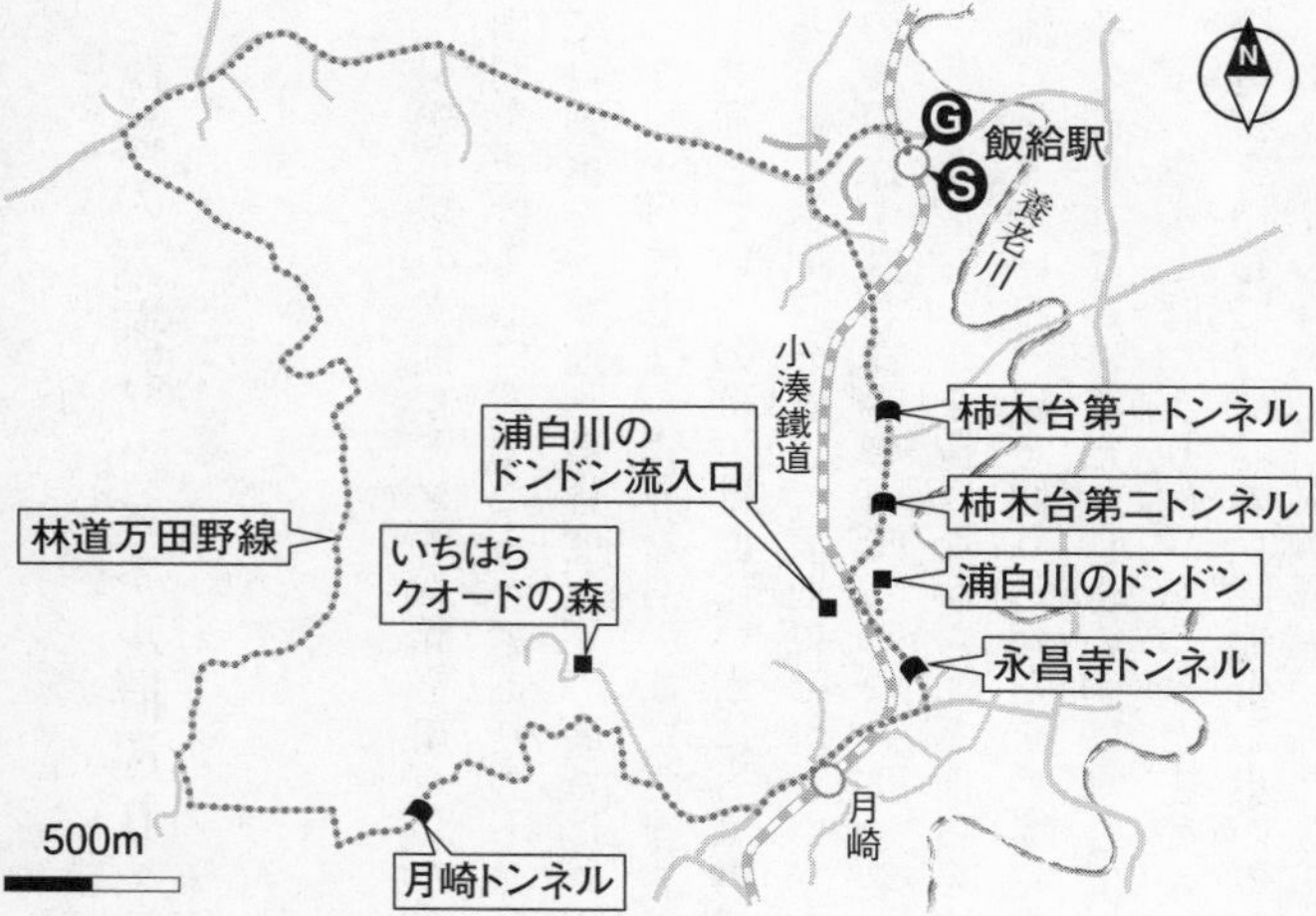

起点となるのは小湊鐵道《こみなとてつどう》の飯給《いたぶ》駅。小湊鐵道といえば関東でも有数の人気ローカル私鉄で、なかでも飯給駅は多くの鉄道ファンに愛される小さな無人駅だ。線路をはさんだホームの向かいには田んぼが広がり、その奥には山中にひっそりと佇む白山神社の鳥居がそびえている。春には駅舎の周囲はサクラとナノハナに包まれる。そんなフォトジェニックな風景から、この日もたくさんの鉄道ファンがカメラを携えつつあちこちで待機している。

それまではのんびりしていた彼らだったが、本数が少ない小湊鐵道の列車が近づいてくるや皆いっせいにファインダーをのぞき込み、連写されるシャッター音。周囲にはちょっとした緊張

小湊鐵道の飯給駅。サクラの花びらが舞うなかを上総中野行きの列車が出発した。鉄道ファンはもちろん、そうでないひともカメラを構えて見送る

飯給駅の西側には田んぼをはさんで白山神社が鎮座している。水面に映る列車の姿を狙っているのか、何人もの鉄道ファンがカメラ片手に待機中

感が走る。

彼らのそんな様子を尻目にこちらは県道を少し西へ歩いたあと、そこから小湊鐵道に寄りつ離れつしつつ南下する細道に入っていく。

道の左右には雑木林が広がり、その狭間にときおり小さな畑を擁した民家が現れる。とある一軒ではおばあちゃんが畑仕事に精を出していた。挨拶しつつ、庭先で薄紫色の花を満開にさせた木の名前を尋ねてみると、「ああー、これはイワツツジね。今の時期はきれいね」とのこと。いわれてみればたしかにその花の形は、公園などで植栽に植えられているツツジの花によく似ている。

そんな春の気配を感じつつ歩いていると、登りカーブの先にいきなりひとつめのトンネルが現れた。入口に掲げられていた解説板によると、トンネルの名前は「柿木台第一トンネル」。長さは78メートル。幅は3・5メートルとのこと。トンネルの断面は半円というよりは釣り鐘のような形状で、これは観音掘りと呼ばれる昔ながらの掘削方法によるものらしい。半円状に掘るよりも、この形状のほうが上からかかる荷重を左右に分散しやすい、つまりは崩落しにくい構造なのだ。

素掘りだけあってアーチ状に積まれた石やレンガもなく、普通だったら入口の左右に延びる翼壁のような構造もない。あるのはトンネルの内側に広がるデコボコした起伏だけ。これは手掘りならではの跡なのか。それとも経年により少しずつ剝落した跡なのか。

房総丘陵を抜ける道を歩いていて、まず現れたのは柿木台第一トンネル。
「観音掘り」と呼ばれる釣り鐘のような形状が特徴的だ

3・5メートルの道幅では、自動車のすれ違いは当然不可能。それどころか少し大きめの自動車なら人とのすれ違いにも難儀しそうだ。日本で初めて自動車が試運転されたのは1898（明治31）年、上野と築地《つきじ》間においてという説がある。そしてこのトンネルが掘削されたのは1899（明治32）年。つまりここを掘るにあたっては、まだ自動車の通行はあまり想定されていなかったのかもしれない。

柿木台第一トンネルを抜けて先へ進むと、道端にはいくつかの古い石仏と供養塔が祀られていた。供養塔には「文化」や「寛政《かんせい》」といった江戸期の元号が彫られている。やはりこの道はトンネルができる以前から、人馬によって歩かれていたのだろう。

そこから少し歩いたところでふたつめのトンネルが見えてきた。こちらは「柿木台第二トンネル」と呼ばれ、全長は47・8メートルと、第一トンネルにくらべるとずいぶん短い。掘られたのは1900（明治33）年とのことなので、第一トンネルの1年後だ。ひとつずつ順番に掘られてきたということか。

第二トンネルを抜けてしばらくすると、鉄道の警笛音が響いてきた。見れば道と小湊鐵道の線路が並走するくらいに近づいている。そしてその先の道端に掲げられていたのが、「浦白川のドンドン」と書かれた案内板だ。ここがこの旅のある意味メインイベントでもあった。

浦白川のドンドンとはいったいなにか。実はこれは、江戸時代に行われた河川の流路変更工事なのだ。房総丘陵はその名の通り起伏が多く、田んぼや畑にできる平地が少なかった。

いっぽう、養老川をはじめとする川は丘陵地帯の谷間を縫うように、激しく蛇行しながら流れていた。この川から水を抜いて田んぼにしてしまえという発想で行われたのが流路変更、いわゆる川廻しだった。ヘアピンカーブのように流れる川のつけ根部分にトンネルを掘って川を短絡、もともと川床だった場所を農地に開墾しようとしたわけだ。

道を外れて斜面を下っていけば、細長く、そしてカーブを描いた谷底のような地形に辿り着く。想像力を働かせればここがかつて田んぼだったことがわかるが、現在はただ

川の流路変更のために掘られた「浦白川のドンドン」。想像よりもずいぶん大きかった。ここから盛大に水が流れ出るさまを一度見てみたい

の湿地帯だ。

川廻しによって新たに手に入れた田んぼだったが、谷間で日当たりも悪く、大雨が降ればば川のような状態になったりして、実際その使い勝手はあまりよくなかったようだ。そんなことから、今日ではそれらの田んぼの大半は耕作放棄されてしまっているらしい。

それでも畦道だったと思しきところは地盤もしっかりしており、歩くのには不都合はない。やがて浦白川の流れが目の前に現れ、上流側へ目を向けてみれば、おお、そこには巨大な穴が真っ黒な口を開けて立ちはだかっているではないか。幅3メートル、高さは5メートルといったところか。

想像していたよりずいぶんと大きいが、たしかにこのくらいの大きさがないと、豪雨でも降ったときには許容量を超えてしまい、本来川だった、せっかく田んぼにした土地に溢水《いっすい》してしまう可能性があったはずだ。

重機もない時代にノミやクワといった道具だけでよくこれほどの工事をしたものだと感心するが、そこには一帯の地質も大きく関係しているようだ。このあたりは上総《かずさ》層群と呼ばれる地層で成り立っており、大昔は海の底。砂岩や泥岩といった柔らかい地層が積み重なって構成されているのが大きな理由だろう。

開口部まで近づいてなかをのぞき込んでみるが、奥は闇に包まれてなにも見えない。けっこうな傾斜もあるようで水流音がトンネル内に響いている。浦白川のドンドンの

「ドンドン」というのは、勢いよく流れる音を表現したものだそうだが、実際に耳にするとドンドンというよりはゴウゴウに近い。

この先がどうなっているのか非常に気になるところだが、ひとりでこんな真っ暗なトンネルを遡上するのは危険だし、コワすぎる。水深さえもわからないし、障害物が先を妨げている可能性もある。もしかしたら上流から流れてきた、なにか見てはいけないものに遭遇するかもしれないし、場合によっては自分自身がその見てはいけないものになってしまう可能性もある。

それでもここから水が流れ出ているならば、当然入口もあるはずだ。実際地形図を確認すれば、地中の水路は水色の破線で描かれているが、その続きには再び地表の川が描かれている。水色の破線部は実際の距離にしておよそ120メートル。抜けていくことはできなくても、ぐるりと回り込めばもうひとつの入口には行けそうだ。

道へ戻り、地図を頼りに上流を目指す。途中には永昌寺トンネルという全長142メートル、つまりこれまで歩いたなかで一番長い素掘りトンネルもあったが、すでに気持ちは「ドンドンの入口」にシフトしてしまっており、あっさりと通過。一応説明しておくと、開口部が一番小さく、なおかつ見事な観音掘りのトンネルだ。

県道から再び細道へ入り、そこからさらに分岐する登山道程度の道を下る。樹木に覆われていて見通しは利かないが、こういうところではハンディGPSが頼りになる。少しずつ浦白川へと近づき、最後に落差1メートルほどの土の斜面をズルズルと滑るように降りれば、無事に川の畔に飛び出した。あとは川筋に沿って下るだけだ。

河床はやはり泥岩質で、流れてきた岩が滞留して川底を穿《うが》ったのだろう、あちこちに大小のポットホールができている。なかにはけっこう深いものもあって、うっかり踏み込まぬように気をつける。

砂が溜まっているところには動物の足跡が無数に残っている。形からするとシカのそれっぽいが、房総丘陵にはよく似た足跡を持つ外来種「キョン」も棲息している。大きさこそ違えど、シカの幼獣とキョンの成獣だったら足跡の区別は難しそうだ。

少なくとも僕には無理だなと思いつつ、地面に向けていた視線を前に向けたところ、そこに突然、浦白川のドンドン入口が現れた。出口にくらべると、高さはやや低め。足元は水平ではなく、全体的に傾いた正三角形といったところ。出口同様こちらも奥はまっ暗でなにも見えないが、はっきりと下り傾斜がついている。長さ100メートルちょっとで先がまったく見えないのは、途中でカーブがあるか、かなりの傾斜がついているということなのだろう。

いずれにしても浦白川のドンドンの出入り口関係がはっきりして、謎をひとつ解決したような気になる。満足しつつ先ほど川に降り立った地点まで戻り、そこから少し上流側をのぞき込んで驚いた。

浦白川の畔に残された野生動物の足跡。ニホンジカかキョンのものだと思うのだが、残念ながらそれ以上は僕の知識では同定できず

そこにはもうひとつ、大きなトンネルが口を開けており、そこから川が流れ出ている。この川の川廻しはひとつだけではなかったのか。あらためて地形図を確認すると、たしかにもうひとつの地下水流が描かれていた。ひとつ解決したところで再び新たな目的を見つけてしまった。これは次回への宿題、なのか⁉

さて。ここからは一度、飯給の隣り駅である月崎駅前を抜けてそこから農道へ。すると再び浦白川へ出るので、遡上しつつ途中から分かれる支流沿いを歩いていく。

このあたりまでくると、川沿いに切り立った崖がそびえ立つ風景が目立ち、なかなかエキゾチックな趣だ。

脇を流れる支流もよくよく眺めてみれば、途中でいくつか崖をくり抜いてトンネル状

に通されている。実はこれもこの地方独特の用水路で、幅が二尺、高さ五尺という規模がスタンダードなことから、通称「二五穴」などと呼ばれているそうだ。この二五穴が掘られるようになったのも江戸期で、今日も現役の用水路として周囲の田んぼを潤しているという。

そんな川沿いを伝って最後に現れたのは、月崎トンネルと呼ばれるまたしても素掘りのトンネルだ。このトンネルが特徴的なのは、ふたつのトンネルが連続しており、その間は上部が抜けてそこから空が顔をのぞかせている点だ。もともとはひとつの長いトンネルだったものが、いつかトンネルの中央天井部が崩落して現在のような姿になったという説もある。

これを抜けて、最後にもうひとつ小さな素掘りトンネルも抜ければそこで道は途切れる。といっても来た道を引き返す必要はない。道の終点からは、階段状の登山道を伝って隣接する「いちはらクオードの森」と呼ばれる森林公園に接続できるのだ。

公園のなかを抜けて月崎駅へ戻るのもいいが、今回は一度公園を抜けたあと、その外周を伝うように延びる林道万田野線を歩いて起点だった飯給駅へ戻ることにしよう。林道万田野線は尾根伝いを抜ける静かな林道だし、午前中には混雑していた飯給駅もそろそろ人が少なくなっているかもしれない。サクラとナノハナに囲まれた駅舎の写真をのんびりと撮れるといいな。

霞丘陵《かすみきゅうりょう》と東京炭鉱跡

東京都

奥多摩の玄関口ともいえる青梅《おうめ》界隈の丘陵を歩いていたときだった。目的の尾根を歩いて無事下山。近くにある温泉にでも立ち寄って帰ろうか、いやその前にバスの時刻だけでも確認しておこうと向かったバス停に書かれていた停留所の名前に、一瞬思考が停止してしまった。

「東京炭鉱前」

バス停にはそう書かれていた。

炭鉱？　こんなところに炭鉱があるのか？　それ以前に東京に炭鉱があることすら知らなかった。周囲は丘陵地帯にはさまれた川沿いに続く穏やかな里山といった雰囲気で、炭鉱はおろか大きな建物すら見当たらない。この風景のどこに炭鉱が……。

夕刻が近づいていたこともあって、そのときはそれ以上の探索もせずに帰ってしまったが、帰宅してからも東京炭鉱が頭から離れず、関連書を探してみたり、ネットで検索をかけてみたりして、おぼろげながらその存在が明らかになってきた。

東京炭鉱が稼動していたのは、１９３５（昭和10）年から１９６０（昭和35）年までの25年間。すでに60年以上も前に閉山になっていた。それにつけても東京都内に炭鉱が実在していたことには、あらためて驚かされる。そして実在していたとわかれば、がぜん気になってくるのが炭鉱の遺構である。丘陵と畑が広がるあの穏やかな風景のどこかに、かつて炭鉱があったことを裏づけるなにかが、あのバス停の名前以外にも残っているのではないだろうか。

そんなことを考え始めるといても立ってもいられなくなり、再びあの丘陵を歩いてみることにする。前回は山歩きが目的だったが、もちろん今度は違う。ゴールとして辿り着いたあの場所が目的地だ。

東京炭鉱があったのは、東京都青梅市と埼玉県飯能《はんのう》市の市境より少し青梅市に入ったところ。ＪＲ青梅線東青梅駅と西武池袋線飯能駅を線で結んだちょうど真ん中あたりだ。

東青梅駅を起点に、まずは北上して途中のランドマークである塩船観音寺を目指す。駅周辺を抜けて霞川を渡ると、周囲には静かな住宅街が広がっている。ポツポツと蔵を持つような大きな農家が建ち、その狭間に比較的新しい住宅が並んでいる。農地だったところが次第に宅地化されてきた過程の様相か。

遠目に見えていた霞丘陵が次第に近づいてくれれば、その麓《ふもと》にあるのが塩船観音寺だ。塩船観音寺の創建は大化《たいか》年間（６４５～６５０年）と古く、つまりすでに１３００年以

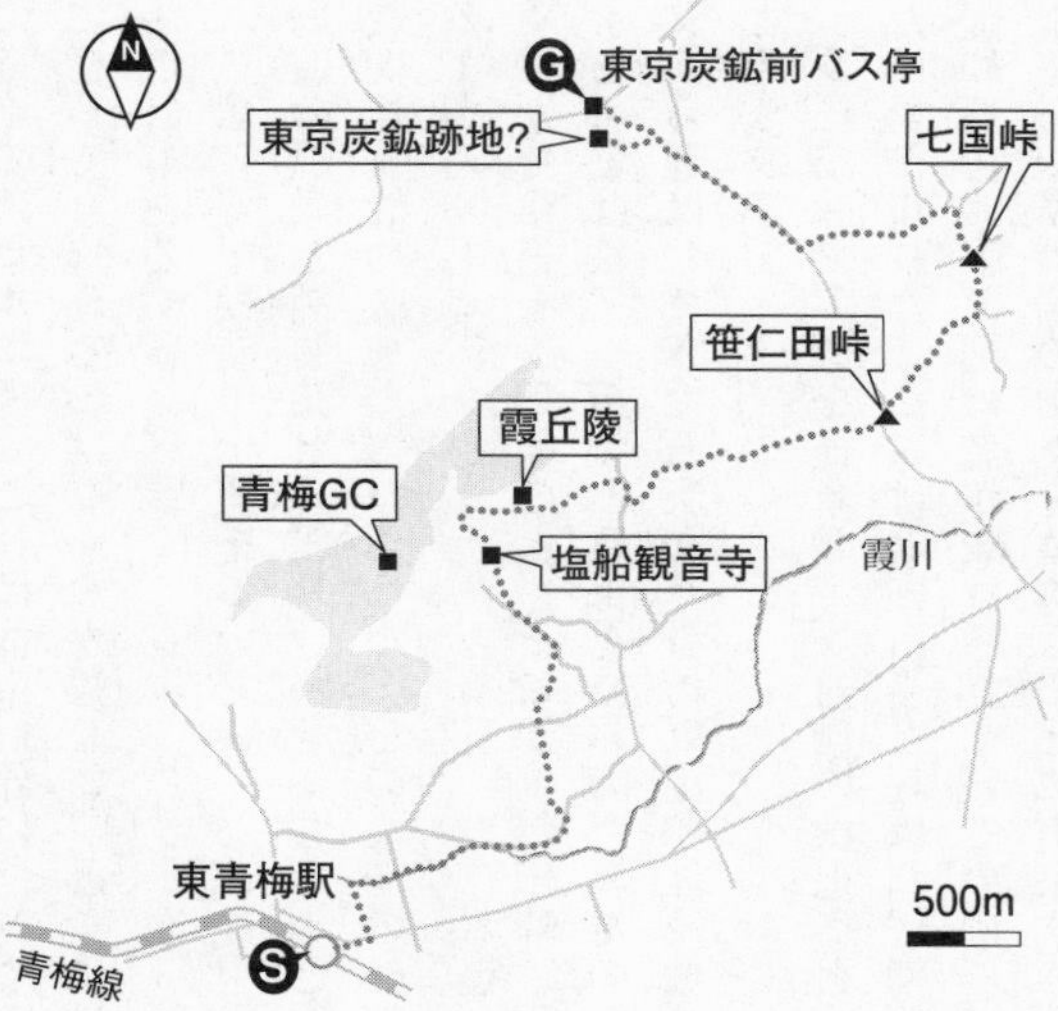

上の寺歴を持つ。人魚の肉を食べて不死を得たことで知られる八百比丘《やおびく》尼《に》が関東遍歴の際に、ここに観音菩薩像を祀ったことが始まりだそうだ。

塩船観音寺は総数1万7000本ともいわれる見事なツツジの庭園を有しており、例年4月中旬から5月上旬の開花シーズンには多くの参拝客で賑わうそうだが、初春の現在は静かなもの。お寺の境内を眼下に少しずつ丘陵を登っていき、大きな塩船平和観音の脇を抜ければハイキングコースへと繋がっていく。入口には開閉式の金網製フェンスが設けられており、これはイノシシによる境内の花木食害を防止するための措置だそうだ。

ずいぶん自然豊かに思えるが、そうはいっても霞丘陵の尾根沿いを歩き始めても北側に続くのはゴルフ場。これは都市近郊に位置する丘陵地帯の宿命のようなもので、どこに行っても逃れるのはなかなか難しい。ときには登山道上にゴルフボールが転がっていることもある。

しばらく尾根筋の土道を歩いていくと、途中からしっかりと舗装された道へと変わる。周囲の風景と舗装路との組み合わせにちょっと違和感を覚えるが、実はこのエリアは宗教関連施設の敷地なのだそうだ。そのなかの一部をハイキングコースとして開放してくれているらしい。

やがて車道と交差すると、そこが笹仁田峠《ささにたとうげ》。現在は数多くの自動車が往来しているが、もともとは秩父《ちちぶ》や飯能と青梅を結ぶ峠だったのだろう。江戸時代にはこの峠を越えて秩父から運ばれてきた石灰が、青梅経由で江戸城の修復用に用いられたという話も聞いたことがある。

笹仁田峠で車道を横断して反対側の山道へと入っていくと、杉木立の奥にちょっとした広場が現れた。ここは七国広場《ななくにひろば》と呼ばれ、南側の視界が開けている。この先にある七国峠も含め、七国の名がつけられているのは、かつては武蔵《むさし》、駿河《するが》、甲斐《かい》、信濃《しなの》、上野《こうずけ》、常陸《ひたち》、相模《さがみ》の国の山々を望めたことに由来するそうだ。広場の東側にある小高いピークに登ってみると、そこには角が欠けた古い三等三角点が設置されていた。標高は22

塩船観音寺にはおよそ１万7000本のツツジが植栽されており、毎年４月中旬から５月上旬にかけて開催の「つつじまつり」には多くの参拝客が訪れる

5・9メートル。

ここからは尾根沿いを北へ。東京炭鉱を目指す。地形図を見ると尾根に向かって東から西からいくつもの山道が延びている。東は飯能市、西は青梅市とあって、この尾根も昔から両側の集落の人々に越えられてきたのだろう。一帯の丘陵の名前も、青梅市では霞丘陵と呼ばれるのに対し、飯能市では阿須《あす》丘陵、東側で隣接する入間《いるま》市では加治《かじ》丘陵と、それぞれの名前で呼ばれているようだ。

尾根からそれぞれの麓へ続くいくつかの道をやり過ごし、東京炭鉱を目指すのにちょうどよさそうな道を選んで西へ、初めて歩く道を下降していく。尾根道との分岐には1メートルほどの段差があるうえ道標もないので、ぼんやり歩いていると見過ごしてしまいそうだ。

　道は下草が伸びていたり倒木があったりで、あまり歩かれてはいないようだったが、それでも道筋自体は明瞭。やがて小曾木《おそき》の集落へと無事に下山。飛び出したところが集落の墓地というのは意外とありがちで、墓地は集落の高台に設けられることが多いものだ。

　ここまで来れば、あとは車道を歩いて東京炭鉱があったとされる場所へ。以前たまたま辿り着いたバス停の南側、黒沢川の右岸がそうらしい。

　そこは、どこにでもあるような里山風景だ。舗装路から道をはずれ、地元のかたの迷惑にならないように、注意深く畦道を伝って現場?へ近づく。

　東京炭鉱についてちょっとおさらいをしておこう。東京炭鉱は昭和の初期から中期までわずか25年ほど稼動していた炭鉱で、採掘されていたのは亜炭だそうだ。亜炭というのはあまり聞き慣れない鉱物だが、ものすごくざっくりいってしまうと、石炭になりきれなかった石炭のようなもの。石炭にくらべ不純物が多く、燃料としては石炭ほどの熱量が得られず、さらに燃焼時には独特の臭いや煤煙を出すことから、今日では燃料として使用されることはなく、辛うじて土壌改良材や飼料の添加物として用途があるらしい。

　そんなものをなぜわざわざ採掘するのかとも思うが、時代を考えるとなんとなく想像がつく。東京炭鉱が稼動していた時代は、まさに太平洋戦争前夜から戦後にかけて。海

笹仁田峠からスギ木立のなかを登っていくと、やがて七国広場に至る

外から各種燃料の輸入が途絶え、使える資源はすべて利用したかったのではないか。

経営していた日豊鉱業は、最盛期には40人ほどの従業員を抱え、一日あたり500トンもの亜炭を採掘していたという。

ちなみに同社は今日でもお隣りの飯能市で亜炭採掘を行っており、つまりこの一帯には広域にわたって亜炭の炭田があるのだろう。飯能のそれは、現存する日本で唯一の亜炭炭鉱とのことだ。

そんな炭鉱の遺構を探して畑をうろうろしてみるが、それらしきものは見つからない。実は炭鉱跡自体はずいぶん前に埋め戻してしまったという話も聞いていた。それでもなにか残ってないものか。

畑を通りすぎて川辺に出てしまったので、足元を長靴に履き替えて河床をジャブジャブと遡ってみる。畑はともかく、あまり人手の入っていない川沿いならと思ったのだ。

しかし甘かった。そこにもそれらしきものは見当たらない。川を歩いてみると、そこかしこに太ももほども太さのある樹木が打ち寄せられている。今でこそ水深は足首程度だが、いざ集中豪雨でもあった日には激流と化すのだろう。なにか遺構があっても、この数十年の間にすっかり流されてしまったと考えるのが妥当だ。

どうやら無駄足だったかと川を上がり、長靴を履き替えてしょんぼりと畦道を歩き出したときのことである。畦道の脇に小さな注意書きがあるのに気がついた。それはどこでもよくみる立ち入りを制限する看板だ。警備員のイラストが「あぶないからはいってはいけません！」と、子どもにもわかるようにひらがなで注意を喚起している。ぼんやりと「まあ、マムシでもいるかもしれないし、子どもだけでは危険かもね……」と納得したところで我に返る。「はいってはいけません！」。……入る？

もしやと思ってその看板の手前まで近寄ってみる。奥は笹やら雑草やらが密生していてよくわからないが、看板のすぐ裏にはフェンスが張ってあり、それがグルリと3メートル四方ほどを囲っていた。内側を確認できる場所はないかとそのフェンス越しに反対側へ回ってみると……。

そこには黒々とした穴が地中に向かって続いていた。暗いしフェンスより内側には近づけないので詳細は確認できないが、穴は地面から縦に潜り、その奥からは横に向かっているようだった。畑の脇にいきなりこんな大穴。動物由来のものとしては大きすぎるし、ゴミ処理用に掘ったにしては内部にゴミらしきものは見当たらない。なにより周囲をフェンスで囲っているのが意味ありげだ。これこそが東京炭鉱の遺構なのかもしれない。

しかしその大きさは直径1メートル半ほど。坑道にしては小さすぎる気がする。もしかしたら炭鉱を埋め戻した後に、一部に空間が残っていてそこが陥没したものなのではないだろうか。ここと同様、かつて亜炭が採掘されていた土地では、閉山後に発生する

「はいってはいけません」という注意書きの先にポッカリと口を開けていた謎の穴。これが東京炭鉱の遺構なのだろうか

以前はたしかにあった「東京炭鉱前」というバス停の円形表示板だが、今回訪れてみるとなぜかなくなっていた。理由があるのか偶然なのか

地盤陥没が問題になっているという話も聞いたことがある。

これが東京炭鉱の遺構だという確証こそないものの、状況的にはかなりリアリティはある。とりあえず今日のところは納得のいくものを見つけることができ、満足して帰路につく。最後はもちろん東京炭鉱前バス停だ。

このバス停には都バスと西武バスが運行しているのだが、バス停の案内を読むと、都バスのほうは「東京炭坑前」で西武バスは「東京炭鉱前」と、微妙に表記が異なるのが興味深い。他社同士で同じ停留所名だとなんらかの不都合があるのか、あるいはそれぞれが当初につけた名前が異なったまま今日まで踏襲されたのか。

そして西武バスの停留所に一枚の告知が貼られていて一瞬ドキリとする。そこに書かれていたのは2023年3月31日をもって路線を廃止する旨の案内だった。よくよく読んでみると、この路線自体がすべてなくなってしまうわけではないようでちょっと安心。

しかし、全国各地で路線バス網が縮小されつつある昨今、万が一この路線がなくなれば、それは当然バス停もなくなってしまうということ。そしてそうなれば、それはいよいよこの地に炭鉱があったことの記憶が消え去るきっかけになるのかもしれない。

それを象徴するかのように、前回来たときにはたしかにバス停のてっぺんについていた「東京炭鉱前」と書かれた円形の表示板が、このときはどうしたわけか失われていた。

ふたつの廃集落跡とそれをつなぐ峠道

――埼玉県

鳥首峠《とりくびとうげ》は埼玉県の飯能《はんのう》市と秩父《ちちぶ》市を分かつ山並みを越える峠だ。もう少し細かくいうと、飯能市側はかつての名栗《なぐり》村、秩父市側は秩父のなかでも人煙まれな山奥といわれた浦山地区を結んでいる。

峠というのは山に隔てられた両側の集落が山向こうとの交易のために、地形上一番越えやすい鞍部を抜けた交通の要衝だ。この鳥首峠も古くは浦山に暮らす木地師が木鉢などの商品とともに名栗村へ渡ったり、あるいは名栗村の住人が三峯《みつみね》神社参詣のために秩父へ抜けたりしたそうだ。

当時のそんな人流を示すかのように、峠の東には白岩《しらいわ》、西には冠岩《かんむりいわ》と呼ばれる集落が存在していたが、昭和末期から平成にかけて住人は去り、現在はどちらも廃集落として朽ちゆく姿をさらしているらしい。

鳥首峠を抜ける道は人が歩くのがやっとという登山道だが、国土地理院の地形図を確認すると黄色い上塗りがされており、これはこの道が県道扱いであることを示している。

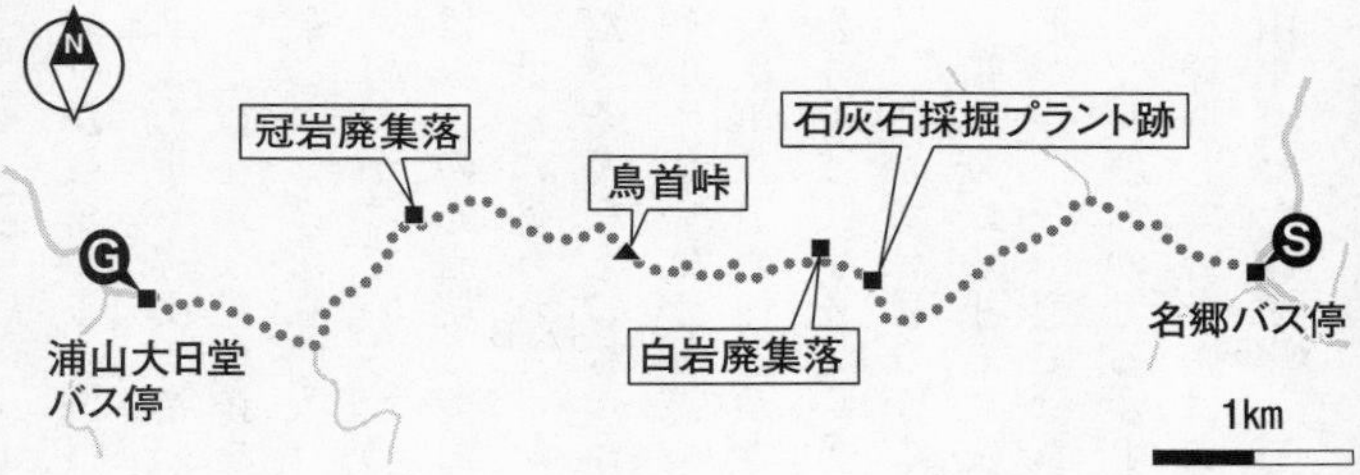

もしかしたら、この峠にもいずれは車道が抜けるのかとも思えるが、鳥首峠のやや南、有間峠《ありまとうげ》にすでに林道が開通していることを考えると、その可能性は低いかもしれない。

現状としては、廃集落と廃集落同士を結ぶ峠道として存続しているこの道を歩いて越えてみた。

起点となるのは名郷《なごう》のバス停だ。ここまで来るのでさえ、最寄り鉄道駅である西武池袋線飯能駅からバスで１時間は要する。奥武蔵《おくむさし》と呼ばれる山域のなかでもなかなかの山深さだ。

名郷でバスを降りたら、そこからは沢沿いを西へと目指していく。眼下に望む河原にはキャンプ場などが点在し、なかなかのどかな雰囲気が漂う。

そんななか、やがて現れたのがかつての石灰岩採掘現場跡。２０１５（平成27）年まで、ここにはＪＦＥミネラル武蔵野鉱業所という会社のプラントが操業していたのだ。当時はいくつものタンクが並び、その足元を鉱山用トロッコが往来していたらしいが、現在施設のおおかたは撤去され、コンクリートの基礎が昔日の面影を残すばかりだ。

しかしよくよく観察するとトロッコ用レールが残っており、続きを目で追ってみれば暗い坑道のなかに消えている。

道はそんな鉱山跡をかすめるように抜けていく。敷地と道の間はフェンスで隔てられ、そこかしこに立ち入り禁止の立て札が掲げられている。

朽ちかけているためか「通行止め」と書かれた木橋を迂回して沢を一本渡ると、今度は「この先立坑《たてこう》（開口部）につき立入禁止」の規制ロープが張られている。立坑というのは横に掘られたトンネルの中間部に、人や物資の搬出用に掘られた縦方向の穴のことだ。そんなものも残っているのかと樹林の向こうを眺めてみると、たしかにポッカリと開いた黒い穴が視認できた。

次第に道の傾斜がきつくなってくる。白岩集落に暮らしていた人は、炭焼きなどで生計を立てていたというが、この道を歩いて名郷まで出ていたのか。若いうちならともかく、年輩者にはなかなか厳しかったはずだ。

道に転がる小石に交じって、小さな磁器のかけらを発見。海辺や河原ではよくあることだが、登山道ではちょっと珍しい。やはり集落から流れ落ちてきたものか。

北側斜面のはるか上部に白い大岩壁が見えてきた。この白い岩は石灰岩。実際に石灰を採掘していたのはあのあたりなのだろう。そしてその白い岩肌こそ白岩という地名の由来だったはず、と道の前方に再び目を向けると、そこには一軒の廃屋と小さな小屋の

登山道から採掘現場跡をのぞいてみると、そこには今も鉱山用のレールが残されていた。当時は石灰石を積んだトロッコが往来していたのだろう

ような建物が現れた。白岩集落だ。

　廃屋のほうは居住部分が完全に崩壊してしまい、地面に屋根だけが残っているような状態だ。周囲に散乱している冷蔵庫やお釜、薪《まき》ストーブなどは、もともとこの家にあったものに違いない。小屋のような建物は、登山道に向けて大きく間口が広がっており、そこには長いカウンター状のものも据えられ、ちょっとしたお店のような構造だ。

　日本に第一次登山ブームが訪れた昭和30年代にはこの山域にも多くの登山者が訪れ、そんな彼らを当て込んでここにも茶屋のようなものがあったと聞く。小屋はその跡なのか。

　そこから道なりに進んでいくと、道端には苔むした石祠が祀られており、いくらかの小銭も納められている。ここを通る登山者が納めていくのだろう。そしてその先には山中には似つかわしくない真っ赤な消火栓がニョッキリと立っている。こんな環境で万が一火災に見舞われても、消防車の出動はとうてい望めない。この消火栓は集落にとって唯一といってもいいくらいの非常防災設備だったのかもしれない。

平家の落ち武者が住み着いたともいわれるこの集落も、1950（昭和25）年ごろには23軒もの住居が道沿いに連なっていたが、炭というエネルギー需要の斜陽もあって人口は減り続け、1985（昭和60）年を過ぎるあたりから、あたかも昭和と運命をともにするかのように住人はいなくなったという。

少し歩くとさらに何軒かの廃屋が現れる。こちらのほうは先ほどよりまだしっかりとしていて、家としての体裁も保っており、なかには2階建てのものもある。縁側だったと思しき空間には、この家のものであろうマンガや雑誌が無造作に広げられている。そのマンガは僕が小学生時代に読んでいたものと一緒。このことから、暮らしていた人のおおよその世代もわかろうというものだ。

そのいっぽう、外壁に書かれたスプレー缶によるイタズラ描きが痛々しい。わざわざここまでスプレー缶を持って登ってくるのがちょっと信じがたい。廃屋とはいえ、所有権はまだ継続しているのだろう。なかには閉ざされた雨戸に「立入禁止」と大書きされている家もある。かくいう自分もこの廃集落を見たくてやってきたとはいえ、無断立ち

白岩集落跡に今も残されている廃屋。山腹の急斜面に苦労して平地を捻出していたことがわかる。周囲には当時の古い雑誌なども散乱している

山中の風景とはいささか不似合いな消火栓。かつてここにそれなりの数の住民が暮らしていた証しか。現在も利用できるのだろうか

入りはもちろん、極力現状には手をふれぬように気をつける。

気になったのは、先ほど見えた白い大岩壁、つまり当時の採掘現場方向から次第にガレ、いわゆる大小の砂利が集落近くまで流れ寄せてきているように見えること。先ほどの茶屋らしき小屋は、すでに室内の半分ほどまで砂利が侵入してしまっていた。このままではいずれ廃集落ごと砂利に呑まれてしまうのではないか。

道の両側に点在する廃屋を抜けるようにして先へ。地形はさらに厳しくなり、スギ林のなかを道は九十九《つづら》折《お》りで鳥首峠を目指す。途中にあった「山火事注意」の看板の名義は、２００５（平成17）年に飯能市に編入される前の名栗村のまま。なんだかこの一帯だけ時間の経過が止まっているかのようだ。

やがて視界の先がだんだんと明るくなってきて、立ちはだかっていた尾根が自分の目線と一緒になるとそこが鳥首峠だった。

鳥首峠の標高は９３７メートル。南に位置する標高１１４９メートルの有間峠に車道が開通するまでは、ここが一番標高の高い峠だったという。有間峠のほうは舗装化されていることもあって、ヒルクライム志向のサイクリストにも人気が高いが、そのぶんこちらは以前の様子をそのまま残しているような静けさだ。

歴史を感じさせる小さな祠も祀られている。昔からこの峠を越える旅人が道中の安全を祈ったのか。僕も手を合わせつつ、ふと峠の名前が書かれた道標に目を向ければ、そ

九十九折りの登山道を登りつめてようやく鳥首峠に到着。峠には古い石祠が祀られていた。この峠を越えれば秩父だ

ここには「クマ目撃例多発！」の注意書きが。あわててリュックにぶら下げた鈴を振り回して、もう少しリアルな安全祈願を。

峠から見上げると、尾根の少し南からの展望がよさそうだったので登ってみる。すると案の定、それまで自分が歩いてきた東側の風景が大きく広がっていた。

そして下から見上げているときは、てっきり白岩の岩壁下が採石現場だと思っていたのだが、そうではなかった。実際には岩壁の上部に幾重にも、まるで棚田のように採石場跡が広がっていた。

岩壁だけでなく、あのあたりは丸々石灰岩だったのかと驚くが、ちょっと考えるとそこから少し北へ向かえば現在も石灰岩の採石が続いている武甲山《ぶこうさん》はほど近い。大昔にはこのあたり全体が海の底で、サンゴなど海洋生物由来の膨大な石灰岩が眠っているということなのだろう。

鳥首峠へと戻り、今度は西の浦山方面へ下っていく。この尾根が秩父市と飯能市を分かつ市境にもなっているのだ。峠からしばらくは落葉樹の森に囲まれた明るい山肌が気持ちいいが、そのぶん登山道には落ち葉が吹き積もり、道が不明瞭なところもある。落ち葉の下には岩が隠れていることもあるので、慎重に足を運ぶ。

荒れ気味の沢を渡って山腹をグルリと巻くと、そこに一体のお地蔵様が祀られていた。周囲にはいくつもの板碑が立てかけられている。板碑に彫られている梵字《ぼんじ》らしき文字は僕には読めなかったが、古くは中世のものもあるらしい。

一説にはここまで落ち延びてきたのちに、捕まって斬られた落ち武者を供養したものともいわれている。そういえば鳥首峠の地名も落ち武者の首が取られた、つまり「取首」だったものが転じたという説もある。どこまでが事実かはわからないけれど、いずれにしてもそんな時代からここは歩かれていたのか。

そしてお地蔵様のすぐ先に広がっていたのが、冠岩の廃集落だった。秩父の浦山地区のなかでも最も山深いこの集落は、1955（昭和30）年には5世帯18人が暮らしていたそうで、白岩集落同様に炭焼きや木工を生業にしていたそうだ。

現在も数軒の家がその姿を留め、またすでに倒壊してしまったものもある。ただしそ

鳥首峠から少し尾根沿いを登って来し方を振り返ってみると、登ってくるときには見えなかった採掘現場の広大な跡地を見渡せた

冠岩集落跡に残る廃屋と石積み。この石のひとつひとつを人の力でここまで運び上げたのかと想像すると、ちょっと気が遠くなる

廃屋の裏手に残されていたオートバイ。つまり当時はこれでここまで往来できたということだろう。現在、里への道は沢沿いで崩落してしまっていた

の数以上に、石垣を積んで造成された土地も多く残っているので、往時はそれなりに賑やかな集落だったのではないか。

白岩集落同様、周囲には木の風呂桶や洗濯機、お釜が散乱している。開けっぱなしになっている玄関から室内をのぞいてみれば、食器や家具がそのままに残されており、その様子は、たまたま住人が不在にしているだけのようでもある。裏手には自転車やオートバイも放置されていて、当時の暮らしが目に浮かぶようだ。

こうした山中の廃集落を歩いていつも感じるのは、その土地を開拓した住民の情熱、あるいは執念ともいえる思いだ。なんらかの理由でこの地に辿り着き、山中の傾斜地に石垣を積み上げて平地を捻出し、そこに家を建てて暮らすことを選んだ彼ら。人力

しかない時代にひとつずつ運びあげて造成した石垣は、表面をびっしりと苔に覆われながら今もしっかりと残っている。その石垣の隙間からは、彼らのそんな思いがにじみ出てくるようだ。

ちなみに白岩集落同様、冠岩集落にもかつては集落名の由来となった冠岩という大岩があったそうだが、集落の下まで車道を延ばした際に崩落してしまったらしい。

冠岩集落を後にしてその車道沿いにあるバス停を目指す。やはり今日ではこの道を歩く人は多くないのだろう。登山道は途中の沢筋で一部崩落し、張られたロープを頼りに下降する。冠岩集落に放置されていたあのオートバイがここを往来するのは、もはや望むべくもないようだった。

軽便鉄道跡《けいべんてつどうあと》とともに多摩川から多摩湖へ

東京都

東京の多摩地方。東村山市、東大和市、武蔵村山市に囲まれるようにして村山貯水池という人造湖がある。その北側、埼玉県の所沢市と入間《いるま》市にまたがる位置には同様に山口貯水池。多摩湖、狭山《さやま》湖の通称のほうが一般的かもしれない。

いずれも明治以降、東京の人口急増に対応しきれなくなった水道改善策として造られたものだ。多摩湖の完成は1927（昭和2）年、狭山湖は1934（昭和9）年だ。当時、周囲は丘陵に囲まれた農村地帯で、着工にあたってはいくつもの集落が水の底に沈むことになった。

しかし、たかだか標高100から150メートル程度の丘陵の狭間にダムを造ったところで、それだけで湖を満たすだけの水を得るのは難しいだろう。それでは水はどこからというと、多摩川から導水してきたのである。

多摩川から玉川上水が分流する東京の羽村取水堰《はむらしゅすいせき》。その近くからさらに地下水道を分流させてひたすら東へ。その総延長は約8・6キロ。そしてこのとき建設現場へ砂利や砂といった資材を運ぶため、導水管に沿うように敷設されたのが羽村・山口軽便鉄道だ。この鉄道は両貯水池の完成とともに役目を終えて廃線になったものの、太平洋戦争中、米軍の爆撃から貯水池を守るために補強工事が行われることになり、その際にも再び活躍することになった。

導水管は今でも現役で利用されており、国土地理院の地形図にも「東京水道」の名で記載されている。またその上部、かつて軽便鉄道が走っていた場所はそのまま遊歩道などに転用され、多摩川から多摩湖に向かって続いている。ならば当時の痕跡を探りつつ、陰ながら東京の発展や防空にも貢献したこの道を歩いてみようではないか。

JR青梅《おうめ》線の羽村駅を下車したら、まずは多摩川を目指して河岸段丘を下っていく。途中にある禅林寺というお寺には、羽村市出身にして大長編小説『大菩薩峠』の作者として知られる中里介山《なかざとかいざん》の墓所がある。

多摩川の畔まで出ると目の前で玉川上水が分流しており、そこから玉川上水沿いを少し下ったところに現れるのが第三水門と呼ばれる、村山貯水池へと向かう東京水道の起点だ。多摩川の河川敷で採取された砂利などの資材はまずはここまで運ばれ、ここから鉄道で運ばれていったそうだ。

しかしいざ現場に立ってみると、目の前には河岸段丘由来のけっこうな崖が立ちはだかっており、いくらなんでも鉄道で越えるのは難しそうだ。調べてみると、当時はこの

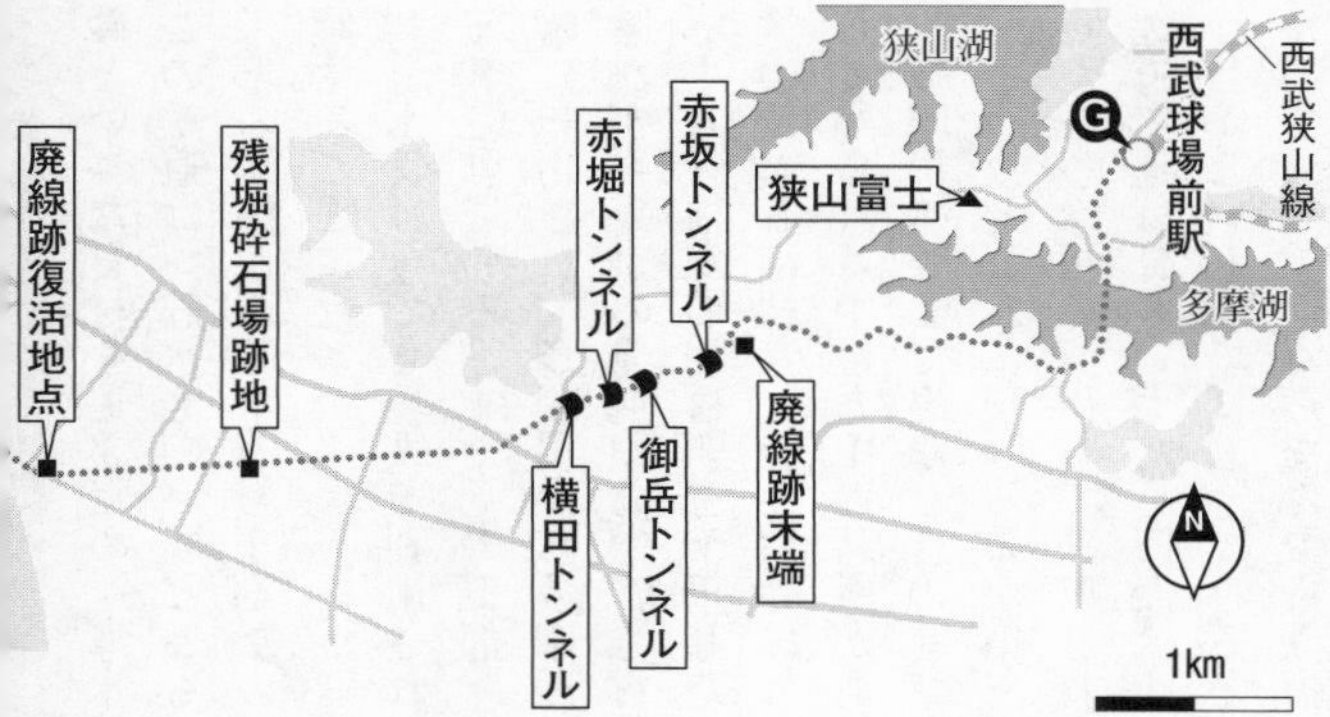

崖を越えるためだけにインクライン、つまり資材運搬専用のケーブルカーのようなものが敷設されていたそうだ。残っている写真を見ると、木材を大がかりに組み上げた、まるで遊園地にあるジェットコースターの足場のようなものが構築されている。

そもそも崖がある場所は、戦国時代にこの地を支配した大石遠江守《とおとうみのかみ》が館を構えていたことから遠江坂と呼ばれていたが、それも鉄道敷設に伴って切り崩されてしまった。現在の風景からはそんな時代を思い起こす術はないが、崖にはコンクリート製の構造物や玉石垣《たまいしがき》などが点在している。これはインクライン時代の遺構なのか。

ぐるりと回り込むような形で延びる舗装路を歩いて崖の上に立てば、そこから見えるのは東に向かってまっすぐに延びる一本

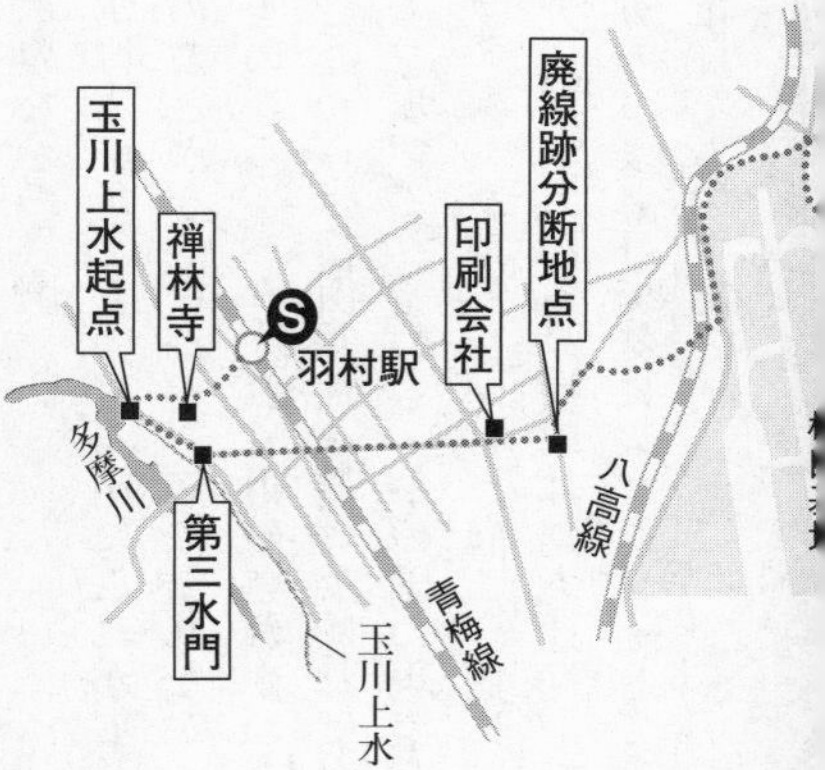

の道。これが軽便鉄道廃線跡だろう。ここからはひたすらこの道を辿っていく。

歩き始めてしばらくは、周囲に真新しい住宅と畑が不規則に続いている。少し前までは一帯が農地だったのかもしれないななどと考えながら先へ進むと、やがて目の前が金網のフェンスに遮られ、その先に横たわるのは線路。青梅線だ。金網越しに青梅線の奥に目をこらせばそこにもまっすぐな道は続いていたので、至近の踏切を渡って続きを目指す。

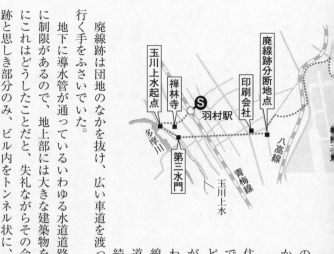

廃線跡は団地のなかを抜け、広い車道を渡った向こうでは、大きな印刷会社のビルが行く手をふさいでいた。

地下に導水管が通っているいわゆる水道道路と呼ばれる道には、基礎を打つことなどに制限があるので、地上部には大きな建築物を建てられないことが多いはず。それなのにこれはどうしたことだと、失礼ながらその会社を壁越しにのぞいてみたところ、廃線跡と思しき部分のみ、ビル内をトンネル状に、しかもビルに面して斜めに空間が延びるという、ちょっと珍しい構造になっていた。逆をいえばその部分の地下には今も導水管が通っているということなのだろう。

印刷会社の裏手に回れば細道はさらに続いており、それをトレースしていくと、再び目の前に柵が。

出た。このルート最大の難所だ。柵の向こうにはこぎれいなビルや住居が建ち並んでいるのだが、決して通ることはできない。そこはいわゆる米軍ハウスの敷地なのだ。そして米軍ハウスの向こうにあるのは米軍横田基地である。日本であって日本ではない、日本のなかの異国。

実はこのルートの真ん中にこれがドッカリと腰を据えているのは以前から知っており、そのことがなかなか歩く気になれなかった理由でもあった。こっそり忍び込んだりしようものなら、ヘタすれば射殺されかねない。

ここからは横田基地を避けなければならず、気が重いことこのうえないが、そんなところを歩いてみるのも、この国の現実を知るよい機会だと自分に言い聞かせる。ひたすらフェンスを辿りながら、向こう側に続いているであろう廃線跡を目指しての「横田基地大迂回」である。横田基地大迂回。たまたま思いついたそんな言葉の響きが、ちょっとカッコよさげで気に入った。そしてその程度で急に元気が出てくるのだから、我ながら単純なものである。

多摩川から続いていた軽便鉄道跡に続く道は、一度青梅線に遮られたが、
その向こうにも道はまだまだ続いていた。踏切で線路を渡り再び辿る

どうしても越えられなかったのが米軍の横田基地。しかたがないので基地
の北側をぐるりと迂回することに。軽便鉄道跡はその先にも続いている

ちなみに金網越しからのぞき込んだかぎりでは、基地内でも廃線跡上に建築物などはないようだった。

米軍ハウスに隣接する日本の住宅街を抜け、ＪＲ八高《はちこう》線の踏切を渡れば、もう目の前は横田基地の広大な敷地だ。八高線沿いに続く空き地には立入禁止を注意喚起する札がところどころに立てられているのだが、その立て札に記された管理者名が、ＪＲでもこの場所の自治体である瑞穂《みずほ》町でもなく、もちろん米軍でもなく、「北関東防衛局」というあたりにちょっとドキリとする。

どうせ歩くのならフェンスのギリギリを歩きたいと思ったのだが、フェンス際には東京環状と呼ばれる広い車道が並走しており、さらには基地側へ渡る横断歩道がまったくない。基地側にも歩道はあるのに。こんな道路の構造にもなんらかの力が働いているのだろうか。

しかたがないのでそのまま対面の歩道をテクテクと歩き続けて基地の北端へ。道はそこで新青梅街道と合流してようやく基地側へ渡れたところで、先ほどの基地側の歩道に目を向けてみると、そこには「管理用通路につき通行できません」の注意書きが。歩道にして歩道にあらず。徹底しているな。先ほど無理矢理車道を横断していたら、どこからか誰かがすっ飛んできたのだろうか。

しかし、そこから再び基地の東側を南下するにあたってはとくになんの制約もなく、フェンス沿いをずんずんと下っていく。フェンスに書かれているのは「立ち入り禁止」と「ドローン飛行禁止」程度。

やがて基地の隣りにＩＨＩ（石川島播磨重工業）の工場が並んでいたのは、なんだかいかにもという感じだし、ＩＨＩに至っては壁沿いに写真撮影も禁じる注意書きが連続している。ＩＨＩといえば日本を代表する重工業メーカーのひとつ。もちろん自衛隊関連の事業にも多く関わっているので、なんらかの秘密保持は必要なのかもしれないが、それにしても米軍横田基地以上の機密保全とはいったいなんなのかと、かえって気になってしまう。

ＩＨＩの前を波風立てぬよう静かに通りすぎたところで、ようやく廃線跡の続きを発見。「基地を巡る冒険」から当初のテーマに復帰である。

廃線跡は江戸街道と呼ばれる道から斜めに、しかしまっすぐと続いている。周囲には住宅が建ち並ぶが、すぐに桜並木が道沿いに連なり、春には美しい光景を見せてくれそうだ。道端には白い案内標が立っており、そこには「軽便鉄道跡」の文字。ここまでほとんどなかった、この道の出自紹介がようやく現れた。表示は武蔵村山市によるもので、これによって武蔵村山市に入ったことを知る。同市はどうやらこの道を積極的に知らしめようとしているようだ。

そこから残堀《ざんぼり》川を渡った先にあったのが残堀砕石場跡地。かつては運んできた石をこの場所で粉砕したり、砂利や砂、玉石などにふるい分ける作業が行われていたそうだ。そのために高さ10メートル近い木製の桟橋が設けられ、機関車で牽引されてきたトロッコはその上を通っていたという。現在は穏やかな雑木林が広がるばかりだが、その一画には当時のものと思われるコンクリート製の基礎が今もそのまま残されていた。

　しばらく歩くと眼前に小高い丘陵が見えてきた。狭山丘陵の縁辺だ。そしてその丘と廃線跡がぶつかる場所に掘られていたのが、この廃線跡に現れる最初のトンネル、横田トンネルだ。もちろん鉄道用トンネルとして掘削されたもので、現在は歩行者、自転車専用道として日中のみ開放されている。

　トンネル内の幅はおよそ2メートル、高さは3メートルといったところか。長さは目測で１５０～２００メートル。照明が灯されており、足元に不安もない。造られてからすでに１００年以上経過しているはずなのに内壁の状態も良好だ。定期的に修復が施されているのだろう。そんななかをひとり静かに歩いていく。

　この先、道沿いには赤堀トンネル、御岳《みたけ》トンネル、赤坂トンネルと、横田トンネルを含めて4つのトンネルが連続する。つまりは完全に丘陵地帯に入ったということだ。最後の赤坂トンネルを抜けると、周囲は森に覆われ、それまでは多少感じられた人家の気配も皆無になる。路面に施されていた舗装も途切れ、完全に山道状態。すぐに現れた分岐では、廃線跡はここでおしまいであることを示すように、「道路→」と書かれた道標

軽便鉄道跡が狭山丘陵に食い込んだところで現れた最初のトンネル。現在は歩行者・自転車専用道に転用されており、夜間は封鎖される

歩き始めて四つ目に現れたのが赤坂トンネル。これを抜けると周囲は雑木林が広がり、がらりと雰囲気が変わる

最後に登場したトンネルはガッチリと封鎖され、通行はできない。フェンスの隙間からのぞいてみると、出口の先は藪に覆われているようだった

が右折を誘導しているが、もう少しそのまま直進してみる。

左右から藪《やぶ》が道にかぶさるようになってきて、足元に倒木が散在する先に現れたのは最後のトンネルだった。ただし「立入禁止」の表示が掲げられ、入口は強固な柵で厳重に封鎖されている。柵越しには反対側の出入り口からこぼれる日差しを望むことはできたが、そちら側は完全に藪に覆われているようだった。どうやら羽村・山口軽便鉄道跡を巡る旅もここがとりあえずのゴールのようだ。

先ほどの分岐地点には、道路方面とは逆方向に丘を登る山道もあったのでこれを辿ってみる。道はそのまま丘の尾根を辿るように続き、10分ほど歩いたところで舗装道路へ飛び出した。道沿いの案内板には「多摩湖自転車歩行者道」の文字。多摩湖の湖畔を周回する道だ。

この界隈は都民の水がめである多摩湖や狭山湖に直結しているため、道沿いには延々と厳重に柵が設置されていて、もはや丘陵を自由に散策する雰囲気はない。そんな柵の向こう側には、当時はさらに鉄路が延びていたのだろう。

数年前、ある新聞の地方欄に、この鉄道沿いで生まれ育った老人の思い出話が紹介されていた。彼が子どものころ、羽村・山口軽便鉄道はバリバリの現役で稼動しており、彼ら当時の子どもは家で収穫したスイカを運転士への手土産に鉄道へ乗せてもらえたのだという。目指したのはもちろん多摩川だ。夏休みの一日、この鉄道に乗って多摩川で泳いで帰ってくる。そんな夢のような物語が東京の片隅にもあったのだ。

今となってはそんなロマンチックな旅はかなうべくもないものの、眼前にある多摩湖の対岸には、貯水池造成の際に出た残土で造った狭山富士と呼ばれる富士塚が残っているらしい。せっかくなので、最後はその狭山富士に登頂して帰ることにしよう。

長野電鉄屋代線廃線跡《やしろせんはいせんあと》と松代大本営跡《まつしろだいほんえいあと》

長野県

松代大本営跡は、以前から一度は訪れてみたかった戦争遺跡だった。太平洋戦争末期、米軍の本土上陸に備えて現在の長野市松代町に造営されたこの要塞は、あらゆる物資が不足していた当時に、ひたすら戦争を継続するために掘った広大な地下壕だ。それが現存しており、なおかつ見学できる状態になっているのであれば、そこを訪れるのはその後の長い平和を享受してきた世代にとってはもはや義務にも近いもの。なんてエラそうなことを考えてはいたものの、実際にはなかなか足が延びずにグズグズしているうちに、2012（平成24）年、なんと松代まで通っていた長野電鉄屋代線が廃線になってしまった。地方ローカル線に乗って松代まで赴くというのも、僕のなかでは旅のアクセントだったのに。

さてどうするか。代替として長野駅から松代への路線バスは出ているものの、ただそれを利用するだけではなんだか負けたような気がしてちょっと悔しい。

そこで思いついたプランが屋代駅から屋代線の廃線跡を辿って松代駅へ向かうという

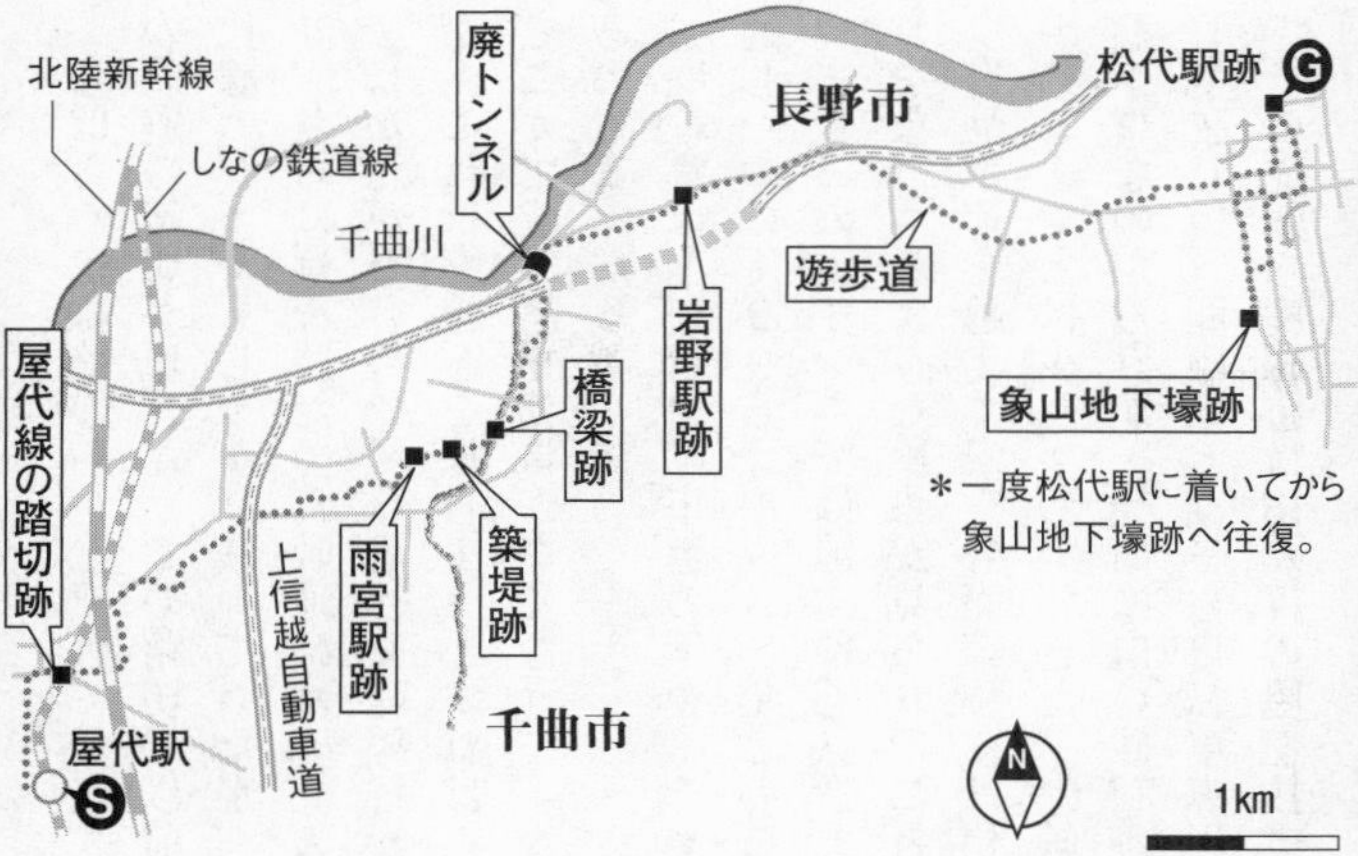

＊一度松代駅に着いてから
象山地下壕跡へ往復。

ものだった。路線がなくなってしまったことを逆手にとって、廃線跡探索のオプションを加えてみたわけだ。

運行していた当時の屋代駅から松代駅までの営業キロ数は8・6キロ。日帰り旅の道中としても問題ない距離だ。廃線になってしまったことへのガッカリ感はどこへやら、思いついた新たなプランをちょっと誇らしい気持ちになって屋代駅を目指す。

東京から北陸新幹線としなの鉄道を乗り継いで、かつての屋代線の起点である屋代駅へ。屋代線との乗換駅だった面影はあまり感じられない。駅舎の少し先にあった踏切を渡ればそのまま線路沿いを歩けそうだったが、行ってみると道は小さな住宅街に吸収されて行き止まりとなり、すごすごと引き返す。

しばらくは線路から少し離れて並走する県道を辿りつつ東へそれていくと、再びしなの鉄道の踏切が現れた。この踏切、以前は屋代線も共用していたようで、踏切上には屋代線のレールもしっかり残っていたが、それ以外の部分は完全に撤去されてしまっており、さらには線路だった敷地には「立入禁止」の札も掲げられている。

しかたがないので、なるべく廃線跡から離れないように線路沿いの農道を歩いていくが、これは廃線跡を旅しようとすればよくあるケース。そしてそのまま歩いていくと、どこかで立入禁止措置がなくなって、なんだかなしくずし的に廃線跡を歩けるようになるのもよくあるケース。

廃線跡は上信越自動車道の下をくぐって東へ進む。このあたりの上信越自動車道が開通したのは1996(平成8)年とのことなので、その当時屋代線はまだ生きていた。つまりこのポイントでは消えゆく鉄道と延びゆく高速道路が交差するという、時代の流れを象徴するような風景が見られたことになる。

自動車道を越えてからも廃線跡には相変わらず立入禁止が続いていたが、線路の様子がそれまでとは少し変わってきた。廃線跡に新しい道路を造ろうとしているようで、路盤工事なのだろうか、一面に白い砂利が敷き詰められているのだ。砂利に日の光が反射して眩しい。聞けばどうやら自転車専用道になるらしい。

その先から廃線跡は田んぼの脇を抜けていく。先ほどの工事が進んでいるのはまだ部分的らしく、このあたりでは夏草が威勢よく一面を覆っている。ときどき現れる線路の境界杭や用水路を渡っていた橋梁が、かつてここに鉄道が通っていたことを教えてくれる。

田植えの時期とあってか、用水路には田んぼへ導かれる水がごうごうと音を立てて流れており、その躍動感とすでに天寿を全うして朽ちゆく橋梁とのコントラストがなんだかせつない。

田んぼではおじさんが農作業中だったので、以前周辺に駅があったはずだけどと尋ねてみる。そう、昔の地図を見ると雨宮《あめのみや》駅という屋代線の駅がこの近辺にあったのだ。しかし麦わら帽子をかぶったそのおじさんによると、駅があったのはもう少し先で、しかも今はもうなにも残っていないらしい。

それでもお礼をいってその場所を目指してみる。たしかに周囲にはそれなりに空間が残っており、駅があったのはこの場所のようだ。しかし駅舎の類いはまったく見当たらず、残された空間も駐車場に転用されてしまっていた。

雨宮駅だった場所を過ぎると、廃線跡は小高い築堤の上を通るようになり、それまで以上にもともとここが線路だったことをイメージしやすくなる。

そして沢山川という千曲川《ちくまがわ》の支流を横断するところには、今も巨大な橋梁がそのまま残されていた。形状はいわゆるガーダー橋と呼ばれるものか。いかにも鉄の塊といった印象で、なかなかの存在感だ。この橋と接触している川の護岸には最近工事が入ったと思しき痕跡があり、にもかかわらず橋梁がそのまま残されているということは今後も保存するのだろうか。

ここから廃線跡は沢山川に沿うように北上、沢山川が千曲川と合流する直前で進路を東へ向けてトンネルのなかに消えていく。トンネル内は立入禁止なので、向こう側の出口への迂回路を探したのだが、これがなかなか苦労した。

トンネル上には標高430メートルほどの薬師山があり、この山を越える登山道が見つからない。一番手っ取り早いのは、トンネルの北側を迂回している国道を歩くことなのだが、実際に道端に立ってみると両側は崖と川にはさまれて逃げ場所がなく、歩行者スペースもほとんどない。おまけに道筋はカーブを描いていて見通しが利かず、その向こうから自動車がけっこうなスピードで往来する。

なかなかおっかない状況だが、ほかに手は見つからない。やむなく自動車の流れが切れたであろうタイミングを狙ってダッシュ。カーブの向こうまで150メートルほど駆け抜けると、広い歩道が待っていてくれてホッとひと息つく。

この国道を歩くんだったら、立入禁止のトンネルを歩かせてくれたほうがまだ安全なのではないか。というかトンネルを歩道として整備してください。

危険箇所を突破すると、そこから廃線跡は国道と並走し、再び田畑のなかに入ったか

屋代線のレールはすでにはがされており、敷地跡には雑草が覆い茂っていたが、用水路を渡るところには橋梁の一部が残置されていた

沢山川に架かる鉄橋は現在もそのままだった。渡り口には「立入禁止」の札が掲げられていたが、今後この鉄橋はどうなるのだろうか

と思うと一部が遊歩道として再整備されていたる。いつのまにか立入禁止の札も消えている。

なんだか様子が変わったなと地形図で確認すると、すでに千曲市から長野市へと市境を越えていたのだった。つまりかつての松代駅も近いはず。町中に城下町を思わせる建物が散見されるようになり、その先に松代駅が建っていた。

松代駅は1922(大正11)年、河東《かとう》鉄道(後の屋代線)開通とともに建てられた由緒ある駅舎で、もはや鉄道が来ることのない現在も当時のまま残されている。路線バスの待合所として再利用されているそうで、駅舎の待合室では学校帰りの高校生が何人か楽しそうに青春を謳歌していた。

さて。これまで辿ってきた廃線跡探索もいろいろと興味深くはあったが、本題はここからだ。旧松代藩の趣を感じさせる町中を抜けて、松代大本営跡を目指す。

旧松代駅から松代大本営跡こと象山《ぞうざん》地下壕までは直線距離にして1キロほど。入場無料なのがありがたい。

想像していたよりも小さな入口から内部へ向かうと、ヒンヤリとした空気が外へとにじみだしている。その奥に広がるのは碁盤の目のように延々と続く地下壕だ。その総延長は10キロにも及ぶそうで、これだけのものを敗戦までのわずか9ヶ月ほどで掘りあげていたというのがすごい。というか呆れる。実際に見学できるのはそのうちのごく一部

松代駅は当時のままの状態で保存されている。レールははがされてしまっているが、そうでなければ今も現役といっても通用しそうな雰囲気だ

だが、それでもL字状の約500メートルにわたって自由に歩くことが可能だ。

入れない場所は金網で封鎖されているものの、金網越しにのぞき込んでみると、掘った土砂を搬出するために敷設したトロッコの軌道跡が残っていたり、途中まで掘ったところで放棄されたような穴もあったりでなかなか生々しい。なかには削岩機による掘削中に、抜けなくなったロッドと呼ばれる先端部品が刺さったままになっていたりもする。

80年近くもそのままに放置された巨大な地下壕はコウモリにとっても絶好の住処らしく、壕内を歩いている最中にも、何匹もパタパタと周囲を飛び回っていた。

外に出て受付に挨拶をして帰ろうとすると、「裏手にも小さな資料館があるので、よかったらそちらへも」といざなわれて寄ってみると、そこで自分が大きな勘違いをしていたことに初めて気づかされた。

ついさっきまで歩いてきた象山地下壕。僕はてっきりここに大本営をはじめ政府関連施設、日本放送協会（ＮＨＫ）、そして天皇家まですべてが移動してくるものだとばかり思っていたのだが、実際に移転を予定していたのは政府関連施設のみ。象山以外にも、舞鶴山《まいづるやま》、皆神山《みなかみやま》といった近隣の山々に分散して地下壕はいくつも造営されていたそうだ。なかでも天皇皇后の御座所、そして大本営が移転を予定していたのは舞鶴山の地下だったそうで、そこには現在も総檜造りの部屋や風呂が現存しているという。

そりゃあそうか。いくら戦局が悪化したとはいえ、先ほど見学してきた素掘りの洞窟みたいなところへ天皇家をお連れして、穴居人よろしく「どうぞこちらにお住まいください」と言ったら、さすがに「ちょっと待て」ってなっていたことだろう。

実は駅から来る途中にあった道標が、どれも「象山地下壕跡」と書かれていたのが不思議ではあったのだ。なんで大本営跡と書かないのかと。そこにはそんな事情もあったのだな。

現在、舞鶴山の地下施設は気象庁の地震観測所として利用されているそうだが、その御座所に関しては窓越しとはいえ見学もできるらしい。おお、それは見てみたいが、もう夕刻が近づいて時間切れだ。どうやら要再訪のようだ。

全体の規模にくらべるとずいぶんとこぢんまりとした象山地下壕の入口。ヘルメットを着用のうえここから入壕する。デコボコした足元にも注意

見学コース以外は立ち入り禁止だが、柵越しにのぞき込むことはできる。ここにはかつて土砂を搬出するためのトロッコが敷設されていたらしい

しかし大本営をこの地に移そうとしたということは、当然東京が陥落する想定もあったはずだ。それでも降伏はせずに、ここで徹底抗戦をしようとしていたのか。それはある意味、ゲリラ戦のようなものなのではないか。

一説には最後にどこかでバカ勝ちをして、それを手土産に少しでも有利な条件で降伏文書に調印したい思惑もあったらしい。それはそれでずいぶんと都合のいい話ではあるが、いずれにしてもそこに至るまでの本土決戦で、はたしてどれだけ一般市民に犠牲が出るのかについてはあまり意識はなかったのかと想像すると、80年近く昔のこととはいえ、あらためて背筋が薄ら寒くなるのだった。

第三章

水面を眺めながら

土合駅《どあいえき》の長大階段と一ノ倉沢《いちのくらさわ》

群馬県

JR上越線土合駅。かつてこの駅は谷川岳登山の玄関口だった。新清水《しんしみず》トンネルの途中に設けられた下りホームは、上りホームとの標高差81メートル。真っ直ぐ続く462段の階段をひたすら上ってようやく改札に到着する。

僕が初めてこの駅で下車したのは1980年ごろではなかったか。高校で入った山岳部の雪上訓練のために谷川岳に向かったのだ。ホームから延々と続く階段を見上げて唖然とする。階段は天国へ続くかのように上へと延びており、天候のせいだろうか、半月のように小さく見えるはずの出口には霧がかかっていて、ぼんやりと光が漏れているだけだった。階段の途中には休憩用のベンチが設けられているのに、逆にちょっとした迫力を感じた。

春まで中学生だった新人たちは、まだ巨大なリュックサックを背にして歩くことに慣れておらず、ここでいきなり息も絶え絶えとなったのだった。

この階段を慌てて下ることによる事故を心配したのだろう。当時の土合駅の下り列車

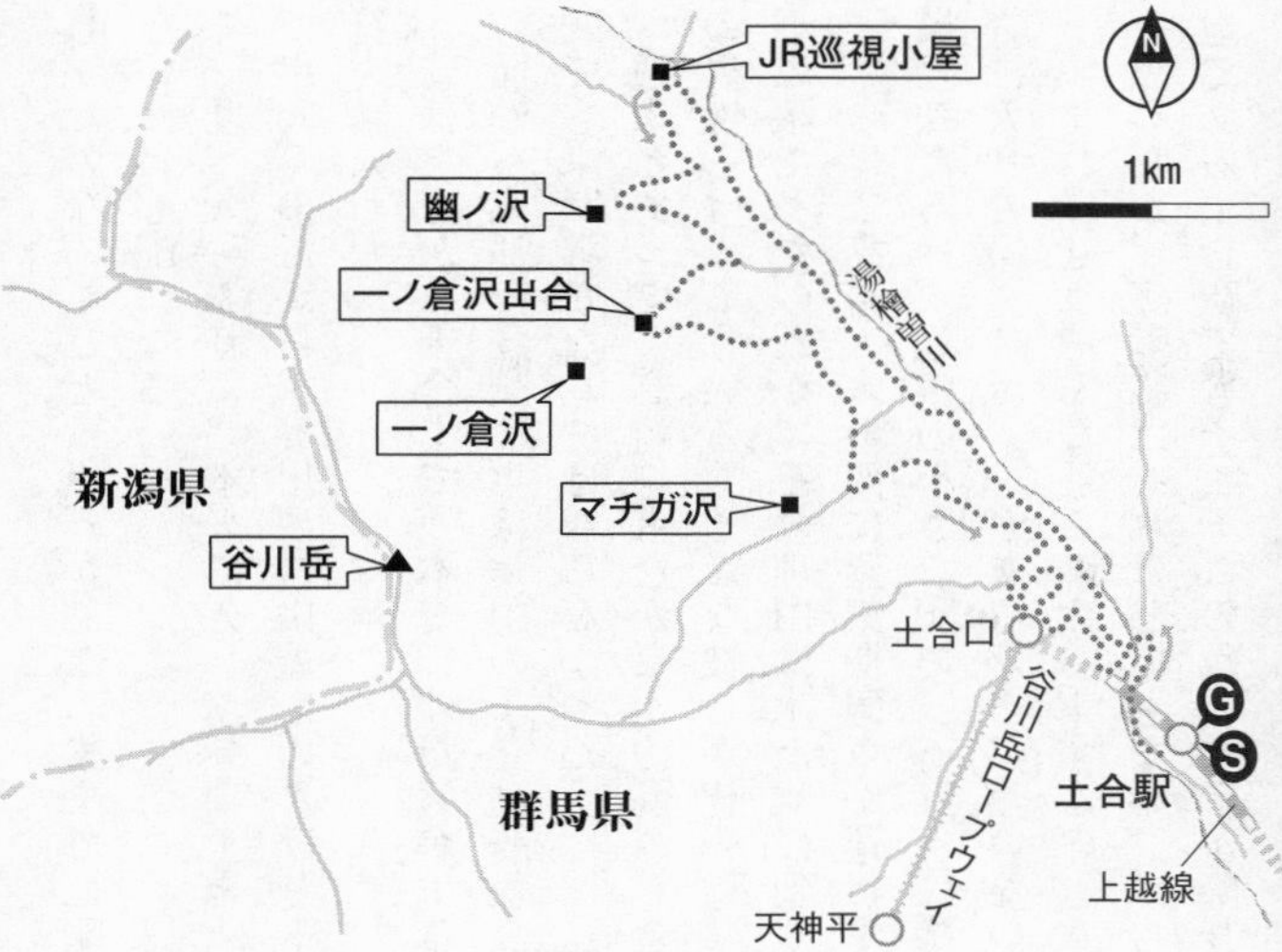

は、発車時刻の15分ほど前に改札が打ち切られていたと記憶している。

その後、１９８２（昭和57）年に上越新幹線が開通、１９８５（昭和60）年には関越自動車道も全線開通した。現在、上越新幹線の上毛高原《じょうもうこうげん》駅からは上越線水上《みなかみ》駅を経由して谷川岳ロープウェイの土合口駅まで路線バスが通るようになり、これにマイカー登山者も加えて、土合駅を利用する登山者は激減したに違いない。土合駅自体も１９８５（昭和60）年には無人駅となっていた。

時刻表で確認すると、現在、土合駅に停車する列車は上り下り一日各数本にすぎない。上客だった登山者が離れてしまったのだから、これもしかたのないこととは思うが、このままでは駅自体がいずれ廃止になってしまうのではないかと心配になる。

一度、久しぶりに、本当に久しぶりに土合駅で降りてみよう。そしてせっかくそこまで出向くのだから、谷川岳の山麓をのんびりトレッキングをしてこようと土合行きの切符を購入した。

昔は上野から土合まで一本で行けた気がするのだが、今回時刻表を調べてみると東京方面から直通の各駅停車は途中のJR高崎線高崎駅までしかなく、そこからさらに水上駅でも乗り継がなくてはならなかった。

週末とあって、高崎線もなかなかの混み具合。家族連れやカップルに交じって、単独の男性もけっこういる。そんな彼らが皆一様にカメラ用の三脚や脚立を抱えているのが不思議だったのだが、その理由は水上駅に到着したときに判明した。

この日は高崎・水上間に蒸気機関車が運行するのだ。彼らはそれが目当てのいわゆる撮り鉄だろう。途中の小さな駅で三々五々に降りていったのも、そこにはそれぞれにお気に入りの撮影スポットがあるからに違いない。

いずれにせよそんな彼らがカバーするのも水上駅まで。そこからはさぞ列車も空《す》くかと思ったが、実際にはそれほどでもない。さらに驚いたのは水上駅からふたつ目、目的地である土合駅でもそこそこの数の乗客が降りたこと。ファミリーやカップル、女性同士のグループもいる。服装からして登山者ではないのは明らかだ。

いったいこれはどうしたことかと思ったのだが、彼らの様子をうかがっているうちに次第に事情が飲み込めてきた。みんな駅名標を前に記念写真を撮ったり、これから立ち向かう長大階段を前に歓声（悲鳴ではない）を上げたりしている。以前は待合所だったと思われるホーム上の小部屋をのぞいてみれば、そこには壁一面にびっしりと貼られたさまざまなメモ書きやイラスト。

いつのまにか土合駅は谷川岳登山の玄関口から、秘境駅ファンの聖地のひとつに変貌していたようだ。例の階段も、息を切らせつつヨタヨタと上ってくるお父さんに対して、先に駆け上がった子どもから「お父さん、遅いよー！」の声が飛び、テーマパークのアトラクションみたいだ。

ようやく階段を上がりきって無人の改札を抜ければ、駅員が常駐していたころに使われていた駅員室は、当時の面影はそのままでなんとカフェになっている。対面する待合室だったと思しき部屋では、フリーマーケットが開催中だ。さらに駅舎を出て右手を眺めてみると、そこにはグランピング施設。まさに昭和は遠くなりにけりといった光景だ。駅舎こそ昔の三角屋根の姿そのままだったが、周囲には足場のようなものが組まれていたので、もしかしたら駅舎自体も近々に大きな変化を見せるのかもしれない。

駅を出てあらためて振り返れば、それなりに観光客らしき人もいて、なんだか楽しそうな週末の風景がくり広げられている。当初こそ驚いてしまったが、土合駅は新しい賑わいを築きつつあるようだ。ぼんやり感じていたこの駅の将来に対する不安は、どうやら杞憂ですむのかもしれない。

駅から国道を歩き出す。湯檜曽川《ゆびそがわ》を渡ると川沿いに登山道が延びているので、これをのんびりと歩いていく。実はこの道は過去に何度も辿ったことがあった。高校山岳部の雪上訓練時にベースキャンプを張ったのが、ここを1時間ほど歩いた先にある芝倉沢との出合《であい》、つまり合流地点だったのだ。道筋はしっかりしており、川沿いに続く平坦な、遊歩道のような道だった。

実際に数十年ぶりに歩いてみても、道は今も穏やかで、これなら登山経験がない人でも大丈夫だよなと思ったところで、いきなり記憶にはない様子の道が現れた。本来平坦だったはずの場所でいきなりの急登。手も使わないとしんどいような急斜面だ。

こんな場所、なかったはずだと不安になり、一度戻って見逃した分岐がなかったか確認したがとくに問題はなし。ただし湯檜曽川沿いが大きく崩壊しているのが見てとれた。どうやら以前の道は通行不能になり、あらたに高巻き、迂回するコースが開拓されたのだろう。位置的にはマチガ沢との出合付近。沢からの土石流が影響しているのかもしれない。

実際、家に戻ってから現在の地形図と50年前のそれとを見くらべてみると、その部分

土合駅の下りホームから延々と続く長い階段。左手にあるスペースには、エスカレーターを設置する計画があったらしい

ホームに設置された待合室のなかには貼り紙がびっしり。全国からやってきた鉄道ファンによる来訪の証しらしく、なかには力作のイラストも

は明らかに道筋が複雑に変更されていた。長い年月の間、自分の記憶に間違いはなかったが、地形のほうが変わっていたというわけだ。

やがて道沿いにJRの巡視小屋が現れた。かつてベースキャンプを張ったのはこの先だ。あのとき、お米を炊くのに使ったコッヘルを湯檜曽川で洗おうとして、想像以上の激流に負けて一瞬で流してしまい、みんなに迷惑をかけたのを思い出す。あの後、どうやってご飯炊いたんだっけ。

ここからは西に向かう急斜面を一気に登る。直線距離にしたらたかだか150メートルほどだが、その間に稼ぐ標高差はおよそ100メートル。なかなか激しい坂だ。たった今この道を下ってきて、巡視小屋の前で休んでいたふたり組の女性が、「すっごい坂よ！」とおどかしてくれる。ハイ、気合いを入れて挑みます。

実際に登りきってみたところでは、たしかに体力的にキツイ登り坂ではある。けれども足場が不安定だったり、滑りやすい岩場があったりして、登るより下るほうが怖くて神経を遣うだろうなという印象だった。

登った先で合流した道は自動車1台通るのが精一杯の道幅で、山側はいつ落石が起きてもおかしくないような状況。谷側はたった今急斜面をよじ登ってきたことでもわかるように、スッパリ切れこんだ崖だ。

いかにも山のなかを抜ける貧弱な林道にも見えるこの道は、実は国道。国道291号

登山道と見紛うような状態だが、これでも立派な国道。国道291号線だ。路肩の苔むした石垣は明治期に作られた当時のままだろうか

線なのだ。先ほど土合駅前を抜けていた道の先端部分にあたる。あそこではバスも余裕で通れる状況だったものが、わずかに進んだだけでこの有様。じゃあ先はいったいどうなっているのか。

国道はここから清水峠を越えて、新潟県の南魚沼市方面へと至るのだが、清水峠周辺は自動車はおろか登山者でも通行が困難な悪場（「悪路」ですらない）が連続して、実質廃道状態になっている。しかし、それでも今日に至るまで国道指定が解除されていないという、なんとも魅力的というか変態的な道なのだ。

明治期に難工事の末に開通させたものの、その後は豪雪地帯かつ峻険な山岳地帯であることから100年以上ほとんど整備らしい整備も不可能だったとあれば、

そんな状態に陥るのもしかたがないし、新幹線や高速道路も開通したとあれば、あえて危険を冒してこの道を抜ける必要もなくなったのだろう。

通行困難な国道のことを「酷道」と呼ぶことがあるが、その意味でいえばここはまさに「酷道」、いや「獄道」といえるのではないか。もちろんそんな道に不用意に入り込んだら生きては帰ってこられないので、ここからは国道を南に向かって土合駅を目指す。

国道といえども一般車は入ってこられないため（当たり前だ）、静かな、そしてのんびりとした山歩きを満喫できる。途中、道沿いには古い石積みが現れるが、これは明治期にこの道が初めて開通したときのものだろう。完全に崩壊してしまった場所もあるかと思えばしっかり現存しているところもある。単に地形的環境の違いなのか。残っているところは今見ても緻密に石が組まれているので、もしかしたら当時の職人の技術差もあったのかもしれない。

急斜面に沿うようにグネグネ続く平坦な道を辿っていけば、やがて眼前にひときわ大きな沢が姿を現す。一ノ倉沢だ。山を歩かない人でも名前ぐらいは耳にしたことがあるだろう。谷川岳を代表する沢でありロッククライミングの聖地だ。谷川岳といえば遭難事故が多く、「魔の山」なんていう呼ばれかたをすることもあるが、それらの多くは一ノ倉沢に代表されるロッククライミング中の事故だ。もちろん上越国境に位置することから天候が急変しやすく、さらには東京からのアクセスもよくてそもそも登山者の数が

谷川岳の険しい山並みを望むことができる一ノ倉沢の出合。10月半ばで紅葉も始まっているにもかかわらず、谷の奥にはまだ残雪も確認できる

多いのもその理由のひとつではあるが。

そんな一ノ倉沢の出合では、多くのひとが大岩壁を見上げながらのピクニックを楽しんでいる。一般車はもちろん進入禁止だが、ここまでは小さな電気バスが運行していて、マイカーとそれを組み合わせれば、歩くことなしにやって来ることも可能な時代になっているのだ。ちょっとスイスアルプスみたいな光景だ。

僕も彼らにならって遅いお昼ご飯に。クッキング・ストーブに火を入れ、リュックに忍ばせておいたインスタントラーメンを作る。利用する水は今まさに目の前の一ノ倉沢で汲む、リアル「谷川岳の名水」である。インスタントラーメンとはいえ、なんともぜいたくだ。

お湯が沸くまでの間、周囲をぐるりと

眺めてみれば、一ノ倉沢も昔とはずいぶん様子が変わったようでもある。あのころは国道が横断するあたりでも容易に沢の水を汲むことができたが、現在はすっかり土砂に埋まってしまっており、上流部へ少し登らないと手に入れられなかった。ここもまた長い時間で地形が変化したのか、あるいは単に季節による水量の違いなのか。どちらにしてもここから見上げる一ノ倉沢の大岩壁の迫力は、今も昔も変わらない。

土合駅まで戻ったとき、もし電車の時刻に余裕があったら、駅前にできていたカフェでビールでも飲んでいくのも悪くないな。土合駅にカフェなんて昔では考えられない状況だ。そしてそのカフェのメニューにビールがあることは、着いたときにこっそり確認ずみ。年月の経過によるさまざまな変化にオロオロしつつも、自分にとってメリットのある変化についてては、ちゃっかり即応できてしまうのであった。

奥多摩湖《おくたまこ》のロープウェイ跡と南岸の道

東京都

東京都の西端、山梨県との県境に位置する奥多摩湖は、小河内《おごうち》ダムの建造によってできた人造湖だ。東京都民の水がめとして戦前から工事開始。途中戦争で中断されたものの戦後に再開、1957（昭和32）年に完成した。建設にあたっては小河内村を中心におよそ1000世帯が故郷を捨てて移転せざるを得なかったという。

ダムの完成までは深い谷底を抜けていた青梅《おうめ》街道は、完成後に湖畔の北側につけ替えられ、現在、JR青梅線奥多摩駅から雲取山《くもとりやま》や山梨方面へ向かうバスは、この道路を経て西へ向かうようになった。そのいっぽう奥多摩湖の南側はというと、部分的に奥多摩周遊道路が並走してはいるものの、それ以外の湖畔は自動車等では近づけず、唯一歩いてのみ辿ることができる。もちろん集落も見当たらない。

これまで幾度となく北側の湖畔を走るバスからそんな奥多摩湖南岸を眺めていて、一度歩いてみたいとずっと思っていたのだった。

奥多摩駅を出発した路線バスは奥多摩湖へ向かい、そこからは湖の北岸を走りつつ、やがて到着した深山橋《みやまばし》バス停で下車する。このバス停で道はそのまま西の丹波山村《たばやま》へ向かう道と、南西の小菅村《こすげ》へ向かう道とに分岐するが、どちらを目指してもあと2キロ弱で山梨県だ。

深山橋を渡って南西に向かうと、すぐに左手に三頭橋《みとうばし》が現れるのでこれを渡れば奥多摩周遊道路。ここから奥多摩湖南岸沿いを東へ向かって歩いていく。

この奥多摩周遊道路はかつては奥多摩有料道路と呼ばれ、その名が示す通りの有料道路だったが、1990（平成2）年に無料化された。しかし現在も夜間は通行が規制され、ゲートで封鎖される。

三頭橋を渡ってすぐのところにはそのためのゲートがあるのだが、ここでその付帯施設とは明らかに一線を画する、異質な鉄塔が空に向かって伸びているのが視界に入る。真っ赤に錆《さ》びたその鉄塔の上にはスチールロープが架けられており、片方は奥多摩湖を越えて対岸へ、そしてもう片方は右手の山中に向かって消えている。

実はこれ、過去に運行していた奥多摩湖ロープウェイの遺構だ。高度経済成長期、ここには奥多摩湖の南岸と北岸を結ぶロープウェイが運行されていたのだ。運行が開始されたのは1962（昭和37）年。東京オリンピックの2年前だ。さらには1956（昭和31）年、ヒマラヤの高峰・マナスルに日本の登山隊が世界で初めて登頂したことをきっかけに、日本では空前の登山ブームが起きていたことも、このロープウェイ運行には

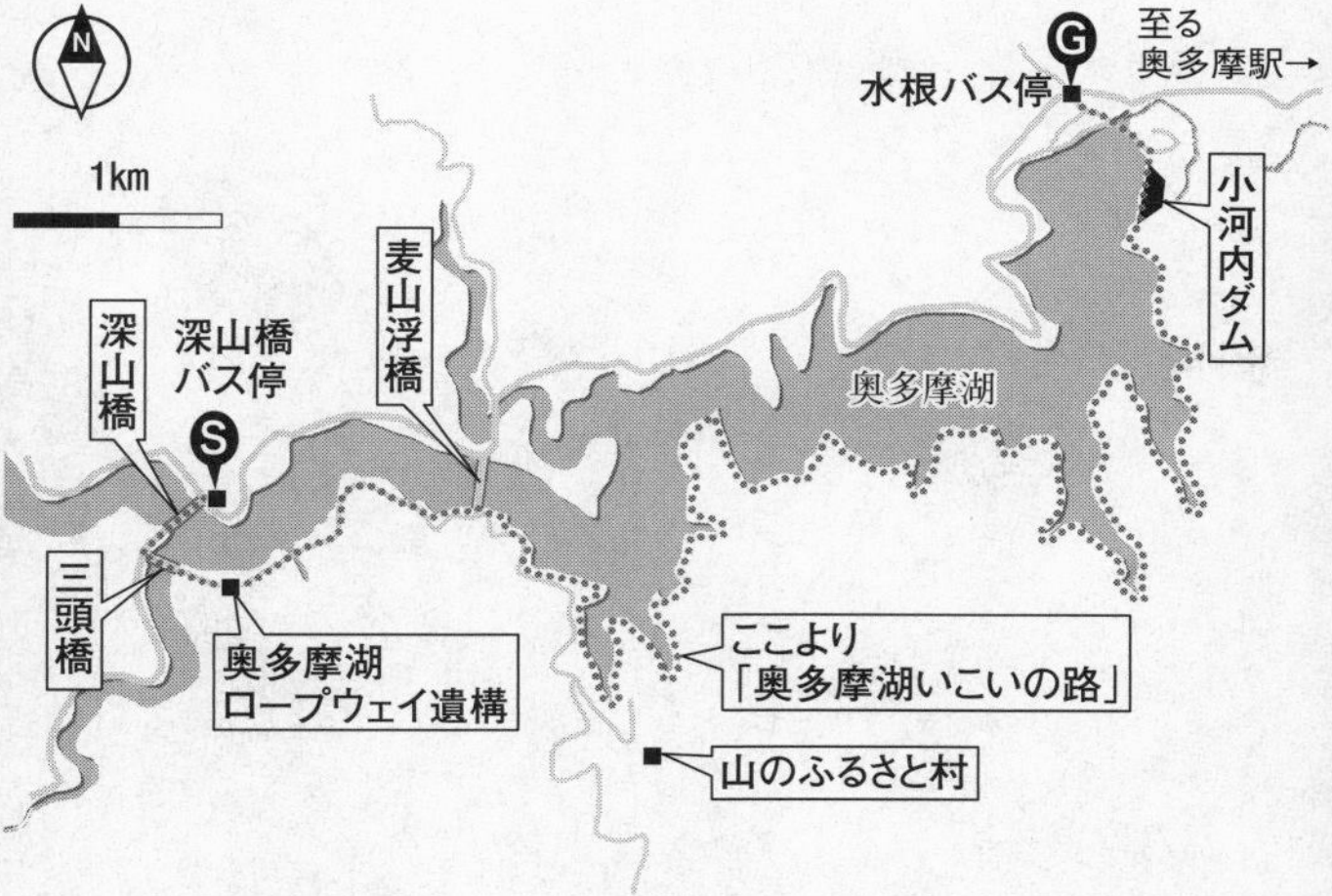

少なからず影響していただろう。

奥多摩湖の南岸には奥多摩三山の主峰にして今でも登山者に人気の高い三頭山があるのだが、奥多摩湖の出現によって北岸からのアクセスが不便になってしまっていた。登山ブーム、日本有数のダム湖の横断、ハイキングのアクセス手段。これだけの要素があればこのロープウェイの未来は明るいに違いない。そう考えてもおかしくなかった。

しかし現実にはわずか4年で運休という名の、実質廃止に追い込まれることになった。その理由はいろいろあったはずだが、一番の理由は奥多摩湖へ橋が架けられたことだろう。そう、先ほど歩いて渡ってきた深山橋、そして三頭橋である。この完成によって、わざわざロープウェ

山々に囲まれた奥多摩湖はダム建設によってできた人造湖だ。かつてここは深い谷が続き、湖底には当時の小河内村が沈んでいる。この写真の左側に続く湖畔沿いを歩いた

イに乗らずとも南岸へアクセスできるようになってしまったのだった。

鉄塔から山中へと続くスチールロープの先へと視線を送れば、樹木の葉が落ちている季節なら、現在も朽ちゆくままに放置されているロープウェイ駅、そしてそこで二度と動くことはないゴンドラを視認することができる。

ここからは周遊道路を東へ向かって歩いていく。平日とあってか車輛の往来は少ないが、ときどきものすごいスピードで走り抜けていくオートバイがちょっと怖い。

この道路は山間を抜ける道路だけあってカーブが連続し、それがいわゆる「走り屋」には魅力なのだろう。夜間通行止めの理由のひとつもそれだ。そういえば道路の入口に、「ここでけがをしますと病院に収容されるまで約2時間かかります」という、忠告とも脅しともとれる看板が掲げられていた。

そんな周遊道路をしばらく歩いていくと、右手に「麦山浮橋《むぎやまうきはし》」を示す道標が。ようやく車道に別れを告げることができる。この麦山浮橋は、以前はドラム缶橋とも呼ばれていた。その名の通り、神話の『因幡《いなば》の白兎』よろしく湖面にドラム缶を並べて浮橋にしていたのだが、現在は合成樹脂の浮力体を用いていることからこの名前で呼ばれるようになったとのこと。いずれにしてもこれを渡ると湖の北岸に舞い戻ってしまうし、そもそもこの橋を通行できる期間は限られている。その期間はダムの貯水量と放水量次第らしいが、一般的には梅雨明けから秋にかけて渡れるチャンスが高いらしい。

徐々に朽ち果てつつも、現在も山中に残る奥多摩湖ロープウェイの駅。内部には改札や動力関連の施設など、当時のものも一部残っている

駅に到着したまま、もう二度と動くことのないロープウェイのゴンドラ。ゴンドラを運ぶスチールロープは、今も湖上を渡って対岸に延びる

車道から外れたのち、浮橋への道標を左に見送り、右手の遊歩道を東へ。周囲は新緑に包まれ、足元の道は美しい苔が覆っており、歩いていて気持ちがよい。湖岸沿いなのでアップダウンも少なく穏やかだ。

やがて、樹林帯のなかから日当たりのよい開けた場所に飛び出した。ここは「山のふるさと村」と呼ばれる都立の施設で、キャンプ場や木工や陶芸が楽しめるクラフトセンターなどが整備されている。トイレや食堂もあるので、休憩をとるには絶好の場所だ。

そんななかを歩いていると、木陰に奇妙なものを発見。近づいてみるとそれは古いオート三輪のなれの果てだった。オート三輪といっても、もはや若い人にはなんのことやらかもしれない。昭和世代の僕でさえ、子どものころにかろうじて町中を走る現役を見た記憶があるぐらいだ。一般にはエンジンつきの三輪貨物トラックをこう呼んでおり、小回りが利き、しかも安価という点から戦前戦後にかけて重宝されたらしい。

令和はおろか平成の世でも現役で見ることはなかったオート三輪が、朽ち果てているとはいえここには今も駐車？されていた。全体が錆びつき、ボコボコにへこみ、首を垂《こうべ》れたようにも見えるその姿はどう見てもポンコツ以下の存在なのだが、それでもどこか生物のような雰囲気を感じさせるのが不思議だ。

もともと「ふるさと村」ができる前、この場所には岫沢《くきざわ》と日指《ひさし》というふたつの集落があったそうで、戦前の地形図にもその地名はしっかり記されている。

湖面を横切る「麦山浮橋」。プカプカと浮いた橋で湖を歩いて渡るというのはなんだか楽しそうだが、期間限定とあっていまだに経験できていない

「山のふるさと村」で静かに余生を過ごすオート三輪。子どものころ、荷台に材木などを積んで町中を走る姿を見かけたことがある

両集落とも小河内ダム建造による水没自体からは免れたものの、湖に分断されたことでいかんせん交通手段が限定されてしまい、やがて住む人はいなくなったという。

そして先ほどのオート三輪は、当時に暮らしていた住民の置き土産らしい。つまりは50年以上もあの場所に佇みつづけているということか。その間に撤去されることもなく、逆に現在では「ふるさと村」のシンボル的存在として来訪者を迎えているそうだ。もともとの所有者がそのことを知ったら、果たしてどんな感情が湧くのだろうか。

ちなみにここには、今もその頃の住民が使っていたであろう陶器の欠片《かけら》など生活の痕跡が土中に埋まっており、やってきた子どもたちがそれを喜んで発掘したりもするそうで、さながら現代の貝塚のような話である。

湖岸の道を再び東へ。この先の道は「奥多摩湖いこいの路」と呼ばれており、東京都水道局が維持管理を担っている。単なるレクリエーションのためだけの道を水道局が管理するとは考えにくいので、おそらく本来は奥多摩湖の水源巡視道的な意味合いで開拓されたものだろう。そんな道が小河内ダムまで約12キロ続く。

「ふるさと村」までも遊歩道を歩いていたとはいえ、その30メートルほど上には周遊道が並走していたので、樹林越しにときどき自動車やバイクのエンジン音が聞こえてきた。

しかしこの先、周遊道は大きく南下して風張峠《かざはりとうげ》の向こうへと消えていくので、周囲はまさに静寂に包まれる。風にそよぐ木々の音に交じってキツツキのドラミングも聞こえ

「山のふるさと村」からは「奥多摩湖いこいの路」を歩く。路面はフラットでアップダウンも少ないが、湖側は切れ落ちているのでそこは注意

てくる。

相変わらず左手には奥多摩湖が続く。人造湖の常として、湖畔の斜面はどこも急峻で、その先の水中も一気に深くなっているはずだ。道はしっかり整備されているが、湖側は切れ落ちているところも多く、うっかり足を滑らせたらかなり面倒なことになりそうだ。たとえ無事だったとしても、この斜面を登り返すのは至難ではないか。そんな危険からなのだろう。道は12月から4月半ばまでの積雪期には通行止めになっている。

ときどき横断する沢の流れ込みだけが、沢から流入してきた岩や砂利によって湖面に緩やかな入り江を作っている。沢の上流側を見上げれば、いくつもの砂防ダムが設けられており、なんとか土砂の流

小河内ダムの上を歩いて奥多摩湖の北岸に渡る。設置された電光掲示によると、この日の貯水量は1億4268万6000立方メートルで貯水率は77%

入を防ごうとしているのがわかる。それはそうだ。これを放置したままにしておけば、ダムの貯水量は着実に少なくなり、理論上はいつか埋まってしまうことになるのだから。

湖の向こうに小河内ダムの巨大な堤体が見えてきた。しかしそれと同時に湖畔は突き出した岬と深い入り江が繰り返され、見た目以上に歩く距離はある。おそらくはダムに近いところのほうが水量が多く、そのぶん深いはずだ。つまりこの地形は人工的な溺れ谷、あるいはリアス湖岸といってもいいのかも。

そんな入り組んだ地形を忠実に辿りながら、道はダムへ。途中、はるか足元の湖面に50センチはあろうかという大きな魚が悠然と泳いでいるのが見え、「もしやこれは奥多摩湖で育った大イワナでは！」と多少興奮しつつカメラの望遠レンズでのぞいてみれば、そこに見えたのは大きなウロコ。イワナのウロコはあんなに大きくない。顔を確認したところ、まぎれもなくコイでした……。

深く切れ込んだ最後の入り江を越えようとすると、そこでは道の改修工事が行われており、沢筋へ下っては登り返す迂回路が設定されていた。ほとんどフラットな道が続いたなかで、数少ないアップダウンが最後に現れたものの、そのおかげで奥多摩湖の湖面に近づくことができた。この日、湖岸を延々と歩いてきて、これが湖に手を浸す最初で最後の機会だった。

やがて道は小河内ダムの上へ至る。有効貯水量1億8500万立方メートル。水道用貯水池としては今日もなお日本最大規模を誇っている。昭和の時代ほどダムそのものが観光スポットとして脚光を浴びることは少なくなったが、それでもダム上にはチラホラとドライブで寄ったと思しきカップルの姿が見受けられた。

袋田《ふくろだ》の滝とそこから続く山並みへ

茨城県

もしかしたら関東地方だけなのかもしれないが、毎年冬の風物詩として報道番組で紹介されるのが袋田の滝だ。茨城県大子町《だいごまち》に位置する落差120メートル、幅73メートル、四段になって流れ落ちる滝が結氷するさまは壮大だ。冬以外も周囲を森林に囲まれていることから、新緑や紅葉など四季折々にその美しい姿を見せてくれる。栃木県日光の華厳滝《けごんのたき》、和歌山県那智勝浦《なちかつうら》の那智滝とともに日本三大瀑布に数えられることも多く、その存在感は折り紙つきだ。

しかし地元はともかく、それ以外の人にとっては華厳滝や那智滝にくらべるといまひとつメジャー感に欠けるのは、華厳滝の日光東照宮、那智滝の熊野那智大社といった強力な相棒の不在が原因だろうか。

そもそも袋田の滝ってどうやって行くんだと地形図を開いたところで、ハタと気がついた。おいおい、袋田の滝へのアクセスはあのJR水郡線《すいぐんせん》じゃないか。しかもその袋田駅からは十分徒歩圏じゃないか。

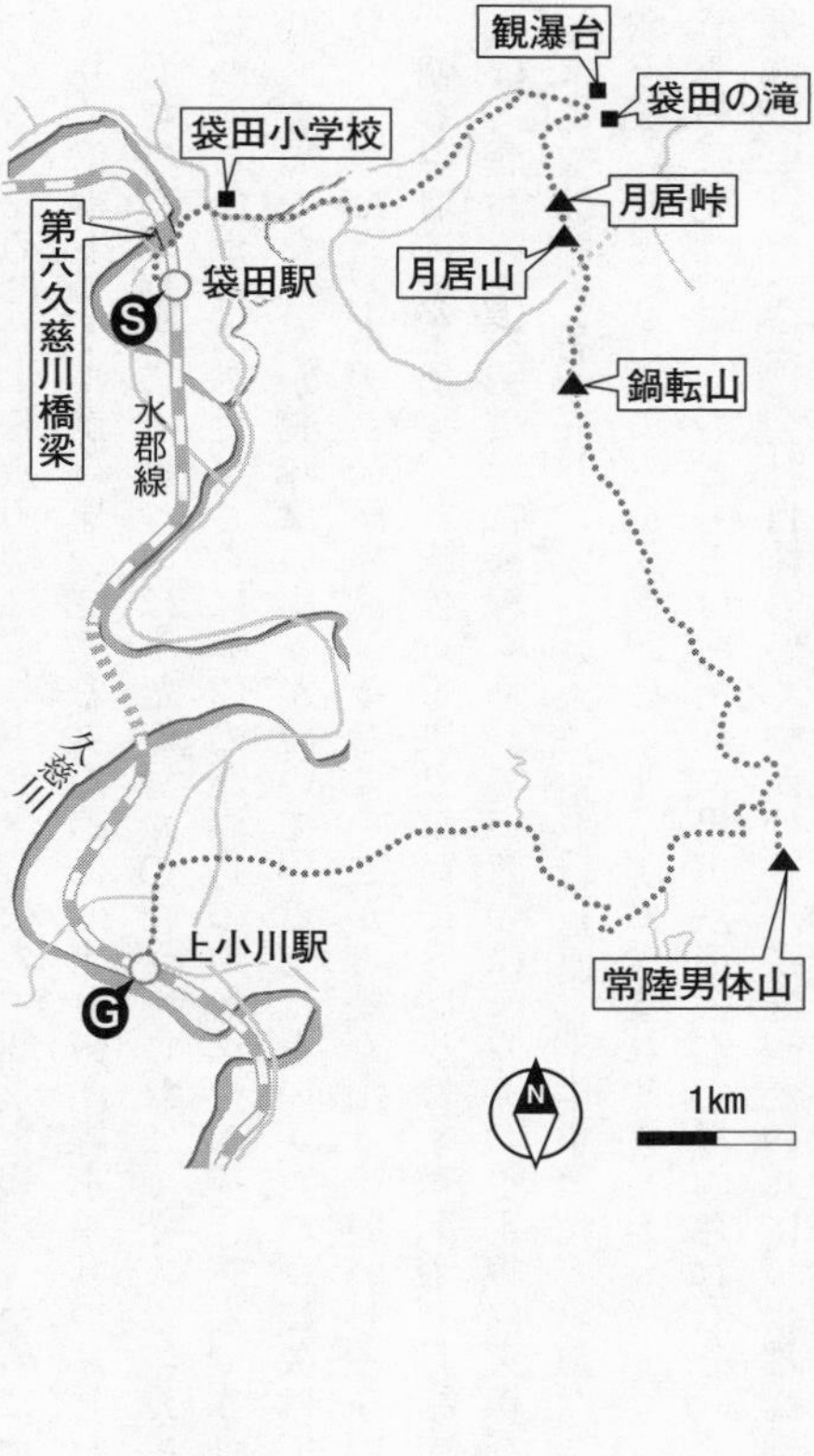

日本各地には、いくつもの「名」ローカル線があり、それに乗って旅をするのが好きだ。ただしそこにはちっぽけなこだわりもあって、それは「乗る」のを目的としないこと。鉄道はあくまでも旅の移動手段であってほしいのだ。これまでも南アルプスの山々

に登る「ために」JR飯田線に乗り、会津若松《あいづわかまつ》の栄螺堂《さざえどう》を観る「ためにJR只見《ただみ》線に乗り、信越トレイルから帰ってくる「ためにJR飯山線を乗りつぶしたりしてきた。

もちろん水郡線にも乗ってはみたかったのだが、これまでそんな「ためにの目的が見つからなかったのだ。さらに袋田の滝周辺の地形図をのぞき込んでみれば、標高こそ低いもののなんだか興味深い山々が続いているではないか。ついに欠けていたピースが見つかった。水郡線と袋田の滝、そしてそこから続く山々。いいじゃないか。

朝6時前に家を出て、各駅停車を乗り継いで8時半に水戸《みと》駅着。目指す水郡線はといえば、おお、水戸駅には常磐《じょうばん》線も通っているのに、堂々の1番線に入線だ。

水郡線はその名の通り、茨城県水戸市と福島県郡山《こおりやま》市を結ぶ鉄道だ。実際には郡山駅とそのひとつ手前の安積永盛《あさかながもり》駅は東北本線に含まれるらしい。

その歴史は古く、もともとは明治期に馬車鉄道として計画されたそうで、その後に蒸気機関車へと変更、会社自体もいくつかの変遷があったのちに、水郡南線、水郡北線と呼ばれるように南と北から少しずつ延伸し、1934(昭和9)年に現在の水郡線の路線としての体裁が整った。

水戸駅で30分ほどの待ち合わせがあったので、ホームの立ち食い蕎麦店で遅い朝食をとったのだが、食べながらあらためて品書きを眺めていると、そこにいかにも水戸っぽいメニューを発見。納豆蕎麦。しくじった! 蕎麦の香りと納豆の香り、そのマリアージュやいかに。呑気にかき揚げそばなんて食べてる場合じゃなかったよ。

水郡線は定刻に発車。4輛という意外に多い編成だなと思ったら、この状態で行くのは福島県との県境も近い常陸大子《ひたちだいご》駅までで、そこで3輛が切り離されるそうだ。郡山まで辿り着くのは1輛だけなのか。

出発したディーゼルカーは関東平野の東端ともいえる水戸市街を抜け、次第に久慈川《くじがわ》ともつれ合うように北上していく。周囲には山並みが続くが、どれも標高500メートル前後の低山で、その麓《ふもと》には農村が点在するという絵に描いたような里山風景だ。

滝の最寄り駅である袋田で下車。おそらくは僕と同様に袋田の滝を目指すのであろう数人の乗客を降ろして、列車は福島県を目指して去っていった。

かくして袋田駅から歩き出す。少し線路と並走するように北上したら踏切で東側へ渡るのだが、このとき踏切のすぐ先に真新しい鉄橋が目に入った。これが2019（令和元）年の台風で流失、その後に再建された第六久慈川橋か。こんな大きな橋が流されたのかと思ういっぽう、それがわずか2年足らずで架け直されたのもすごい。

道は久慈川の支流、その名も滝川を遡るようにして滝を目指す。途中、左手に見えてきた袋田小学校は創立150周年を迎えたそうで、校庭の奥にはそれに相応しい木造校舎が今も建っている。この校舎は1958（昭和33）年に建てられたもので、ちなみにこの小学校の校歌は朝ドラ『エール』のモデルにもなった古関裕而《こせきゆうじ》によるものだそう。

やがて道端には茶屋や土産物屋が並び、いかにも観光地然とした風景を見せ始めた先に、袋田の滝の入口があった。滝を眺めるには有料のトンネルを抜けて観瀑台へ上がる必要があるのだ。まず現れたのは第1観瀑台。袋田の滝は大きく四段に分かれており、ここはその三段目に相対している。堅く滑らかな岩盤上を幾筋にも分かれつつ滝壺に滑り落ちる様子は大した迫力だ。この滝の成立はおよそ1500万年前にもなるとされ、その膨大な時間に水の浸食を受けることで現在の姿ができあがったそうだ。

第1観瀑台からエレベーターでさらに上部へ上がると、辿り着くのが第2観瀑台。第1観瀑台からではそれより上の滝を眺められなかったことから、2008（平成20）年に新たに設けられた。こちらからはたしかに滝の全貌を俯瞰できる。

結氷した冬の姿がよく知られているが、現在の新緑に囲まれた姿もなかなか素晴らしい。密林に潜む人跡未踏の隠れ滝のような存在感さえある。滝を間近で見るなら第1観瀑台、風景の一部としての滝を感じたいのなら第2観瀑台といったところだろうか。

袋田の滝を満喫したら、滝の音に見送られるようにして山道へ入っていく。まず目指すのは、滝に寄り添うように鎮座している月居山《つきおれさん》だ。この山には北嶺と南嶺というふたつの頂上からなり、その特徴的な姿は駅から歩いてくるときも前方にくっきりと見えていた。袋田の滝とセットで登る人が多いようで、幾人もの登山者が頂上を目指している。滝からは北嶺を経由するものと、南嶺へ直登するルートに分かれていたが、この日は先

袋田駅で数人の乗客を降ろし、福島方面へと旅立っていった水郡線。下車したのは、袋田の滝目当ての観光客がほとんどのようだった

駅から袋田の滝へ向かう途中に建っていた袋田小学校。創立はなんと1873（明治6）年。現在も60人ほどの児童が通学しているそうだ

の長さを考えて南嶺へ直登する。

標高404メートルとあって簡単に登れるだろうと歩き出してみたが、実際には急登が続いて登り応えがある。南嶺の手前で月居峠に飛び出せば頂上まではひと登りだが、そこからも設置されたロープを頼りに登る岩場も現れたりして、なかなか手強い。そして、これはその後に連続する鎖場の序章でもあった。

山頂ではご高齢のグループや若いカップルが食事を楽しんでいたが、皆さん滝方面へ戻るようで、先へ進むのは僕ひとりだ。

山頂から少し下って鞍部へ出ると、そこからの登り返しは再び鎖が渡された岩場。さらにそれを登ると左右が切れ落ちたヤセ尾根の登場だ。樹木が張りだしているのでそれほど恐怖は感じないが、なかなかの高度感。あらためて地形図を確認してみると、ここから先の縦走路の西側は延々と崖を意味する毛虫のような記号が続いている。

山をその標高だけで判断すると、ときとしてこんなこともあるので要注意、と自分に言い聞かせる。そしてそんな山並みの向こうには、これから目指す常陸男体山《なんたいさん》の端正な山容が小さく見えていた。

登山道は、おおかたの部分で尾根筋を忠実にトレースしている。つまりそれはアップダウンも忠実に繰り返すということだ。岩稜のような道が多く、安易に巻き道を作れないということもあるだろうし、尾根筋の道は崩れにくいということもあるのだろう。そ

四段となって流れ落ちる袋田の滝。冬季の氷瀑が有名だが、温暖化の影響か、近年は全面結氷することは少なくなってしまったのが残念

れを示すかのように、ときどき現れる巻き道は、ここ数年の集中豪雨の影響か、巨木が根こそぎ倒れて登山道を遮っていることもあった。

道を進むにつれて、周囲は広葉樹林帯からスギやヒノキの針葉樹、そしてクマザサが広がる小径と、その様子は次第に変わっていく。なんだかこの山域の多様性を目の当りにするようで楽しい。鎖場も何度となく出てくるのだが、よく見ればその足元の大岩には細かく階段状のステップが刻まれている。これは簡単にできる作業ではないだろう。おそらくは古くから地元の人たちに愛され、維持されてきた道なのだ。

そんな道をひとり歩いていくと、下山道が分岐する先にようやく常陸男体山への登りが現れた。最後の頑張りとばかりに、これを一気に登りきったところが標高654メートルの山頂だ。東側には展望が大きく開け、標高こそ低いものの延々と重なるように続く山並みが美しい。条件がよければその先に太平洋も見渡せるらしいが、残念ながらこの日はそこまでの展望は望めなかった。

絶景を堪能したら、先ほどの分岐まで戻って下山だ。西側へ下って袋田駅のひとつ手前、上小川駅を目指す。しかし尾根の西側といえばさっきも地形図で確認したとおり、延々と崖の記号が続いている。あんなところを下れるのだろうか。

あらためて地形図を引っ張り出してみると、道はそんな崖マークのわずかな隙間をつくように細々と続いている。小刻みに九十九折《つづらお》りを繰り返しながら標高を落とし、途中

袋田の滝から歩いてきて辿り着いた常陸男体山。山頂から東を望めば遠くまで山並みが続く。残念ながらこの日はその先の太平洋は視認できず

登山道上を根こそぎ倒れた樹木が塞いでいた。一瞬、水木しげるが描く毛むくじゃらの妖怪「土ころび」が現れたのかと思ってしまった

で一度舗装道に出たものの再び山中へ入り込み、ようやく人里の気配がある畑の片隅へと飛び出した。

少し先に畑仕事中のおじさんがいたので、念のため駅への道を確認する。山から里に降り立ったところで道を間違えてしまうケースというのは、意外とあるものなのだ。

後ろから近づいていきなり「すいません！」と声をかけたところ、ひどく驚かせてしまったようで、「わあ！　びっくりした！」と返されて恐縮の極みである。

それでも道を教えてもらい、やがて上小川駅が見えてきたあたりで、山を歩いていたときから悩んでいたことに答えを出さなくてはならなくなる。それは帰路の選択だ。

もちろん往路を水戸へと戻るのがセオリーではあるのだが、せっかくの水郡線である。いっそこのまま郡山までさらに北上を続け、そこから東北新幹線で東京へ戻るのもありなんじゃないかという、スバラシくも非効率的な旅程を思いついてしまったのだ。効率は大切だが、効率を第一に考えた旅は得てして味気なくなる。

さあ、どっちにしようか？

隆起で地続きになった島と戦争遺跡の数々

——千葉県

千葉県の房総半島南端に位置する館山《たてやま》。黒潮の影響による温暖な気候で知られ、都心がまだ真冬の寒さに震え上がっている正月明けにはすでにナノハナが開花を迎え、それに続くようにポピーやキンセンカ、ストックなど、春の訪れを知らせる花々が次々に咲き誇る。

夏は夏で海水浴やマリンスポーツ、釣りなどでも賑わい、とくに東京湾アクアラインが開通してからは、都心や神奈川方面からのアクセスも劇的に改善され、季節を問わず多くの観光客が訪れるようになった。

しかし館山にはそんな南国的観光資源以外にも、関東大震災によって突然陸続きになった沖合の島や、東京湾の入口にあたる地理的条件から造営された戦争遺跡が今も残っている。ここではそういった、「じゃないほう」の館山をあちこち歩いてみよう。

ＪＲ内房線館山駅を出ると海に向かって一直線に広い道が延び、背の高いヤシの木が街路樹として並んでいる。並ぶ建物の多くはオレンジ色の屋根と白い壁で統一され、ま

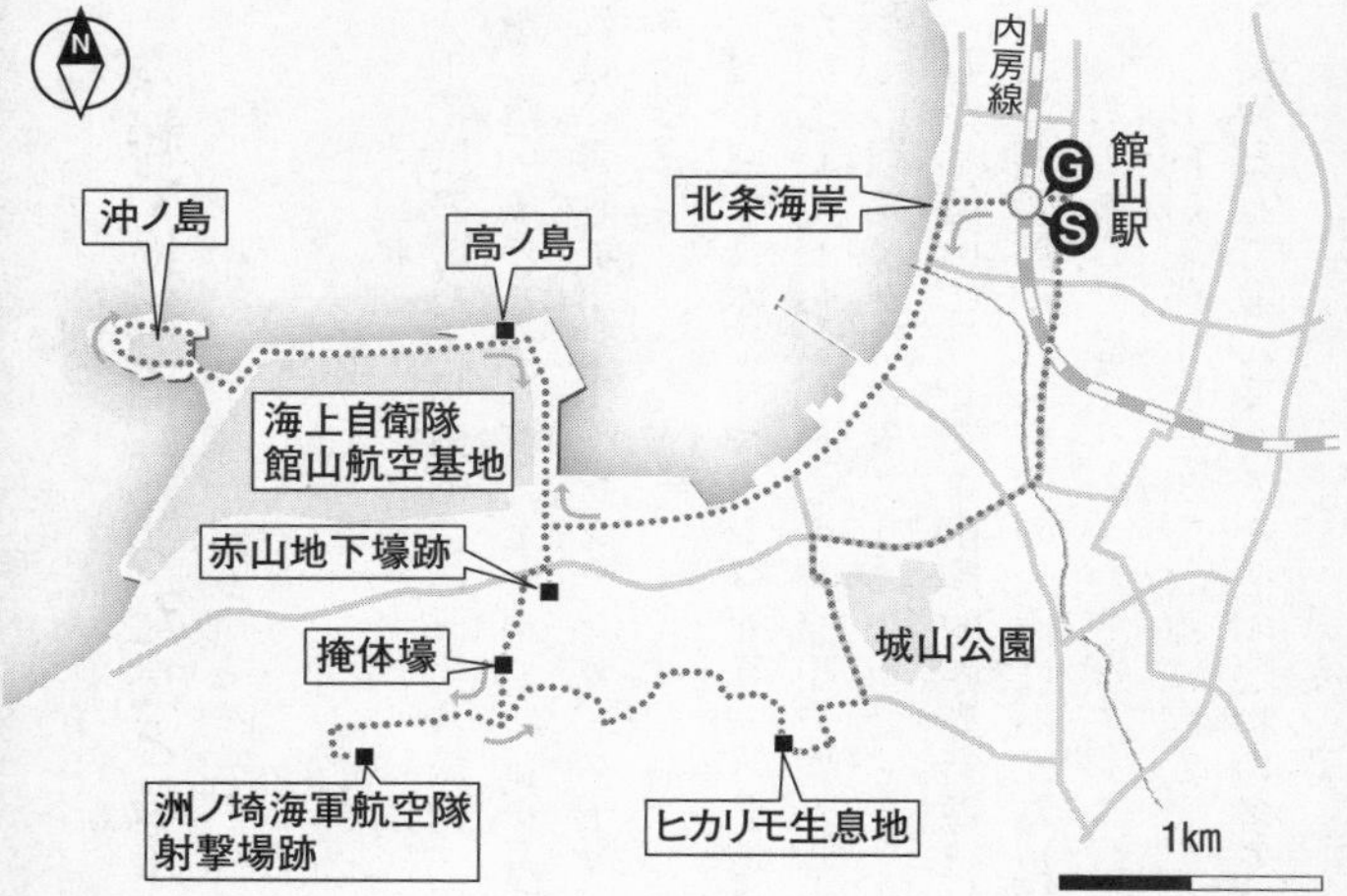

るでスペインやイタリアあたりの海辺の街を彷彿とさせる。

もちろんこれは当初からの建築様式というわけではなく、昭和後期に制定されたいわゆる「リゾート法」によって整備されたものらしい。それまでの館山駅の中心は東側で、西側はどちらかといえば地味でパッとしない様相だったのだとか。

おじさんがひとりで歩くにはちょっと照れくさくなるような、そんな駅前通りを抜けて北条《ほうじょう》海岸へ。空には雲ひとつない快晴だが風が強く、水面ではあちこちに白波が立っている。

東京湾の対岸に位置する三浦半島の奥には富士山がそびえ、山頂部にはまだ白い雪をたっぷり載せている。それを遠望しつつ海辺の道を下っていくと、やがて

館山駅から海に向かって一直線に延びる道を歩く。背の高いヤシの木やオレンジ色の屋根の家並みなど、雰囲気はなんだか南欧の海辺のよう

道は丁字路へとぶつかり、その向こうの広大な敷地にあるのは海上自衛隊の館山航空基地だ。もちろん一般人は入れないので、ここからは基地のへりに沿って海際に続く道を辿っていく。

決して広いとはいえない道を歩いていると、後ろから自動車やバイク、そして自転車に乗った人が追い抜いていく。この道は途中で行き止まりになっており、基地の向こう側には抜けられない。にもかかわらずこうして多くの人がやってくるのは、やはり突き当たったところにある島が目的なのだろう。もちろん僕が目指すのも同じ島だ。

島の名前は沖ノ島。面積はわずかに0・05平方キロ、標高13メートルというきわめて小さい島。いや、昔は純然たる島だったのだが、1923（大正12）年に発生した関東大震災でこの一帯の土地が隆起。その後に本土側にできた浅瀬を埋め立てたところ、海流の変化によって砂州で繋がってしまったという。いわゆる陸繋島《りくけいとう》と呼ばれるちょっと珍しい地形なのだった。

そのため、島へは砂州を歩いて上陸することができる。砂州の両側から波がチャプチャプと寄せているのを見ると、どんなに海が荒れてもこの砂州がなくなってしまわないのが不思議でもある。

島の中央部はタブノキをはじめとする広葉樹が生い茂っており、そんななかを遊歩道が抜けている。もちろん島内は徒歩でのみ入ることができる。道はいくつかに分岐し、それらは海辺の磯へ出たり、ここがまだ独立した島だったときからあった神社へ出たりと、ちょっとした探検気分が味わえる。

東京湾を望む岩場には、人が往来できるほどの人工の穴も掘られている。島では縄文時代の遺跡も発掘されているので、もしかしたらそんな遺跡なのかと思ったがそうではなかった。

こちらは太平洋戦争末期、東京湾から帝都に侵攻してくるかもしれない米軍に備えるために掘られた要塞の跡らしい。そういわれて穴のなかを歩いてみれば、たしかに岩から東京湾口に向けて、銃口を突き出すのにちょうどよさそうな大きさの穴が穿《うが》たれている。まさかこんな小さな穴から沖合の敵艦を攻撃できるとは思えないので、おそらく敵

関東大震災により隆起、本土と地続きとなってしまった沖ノ島。2019（令和元）年の台風15号で甚大な被害を受けたが、少しずつ回復に向かっている

の上陸に備えての防衛線だったのだろう。

　島の西側に出てみれば、そこには東京湾が日差しを反射してキラキラと輝いており、足元の海は想像以上の透明度だ。これも海流の影響なのか、小さな貝殻ばかり集中してたまっている浜もあり、そこでは親子連れが貝殻拾いを楽しんでいる。

　そんな姿を見て、僕もいろいろと貝殻を探してみたものの、子どものときのようなワクワク感はさすがに得られない。思えばあのころは、どんな貝でも生まれて初めて見る新種のような存在だったのに対し、今ではどれもがどこかで見た記憶にあるものばかり。知識の蓄積で失われるものもあるんだな。

　ちょっと感傷的な気持ちになったとこ

ろで沖ノ島をあとにする。途中、道が大きくカーブするところで地形図で確認すると、そこには「高ノ島」という地名が記されている。この地名からも推測できる通り、実はここにもかつて高ノ島と呼ばれる島が存在していたそうだ。明治時代の地形図には、たしかに沖ノ島と並んで涙滴型をした島が描かれている。

こちらの島はその後、浅瀬を埋め立てて海軍航空隊の基地を建設するさいに呑み込まれて、現在は本土の一部になってしまった。

ちなみにこのエリアの一画、現在は造船所の一部になっていて入れないが、ここには海軍航空隊が使用していた水上機の発着場がそのまま残っているそうだ。当時、機体の下部にフロートをつけた水上飛行機がここから離陸して、海底に潜む米軍の潜水艦を警戒していたのだろう。その地形が最適だったのか、終戦後、米軍の大部隊が乗った上陸用舟艇が初めて本土に上陸してきたのもこの場所なんだそうだ。

海上自衛隊の正門前を通過して、少し内陸部に入ったところに現れるのが「赤山地下《あかやまちか》壕跡《ごうあと》」と呼ばれるもの。これは赤山と呼ばれる小山の内部を網の目のように掘って築かれた地下壕で、その全長は1・6キロにも及ぶという。現在はそのうちの一部が公開されている。

壕の入口は自動車が入れそうなほどの大きさで、入口でヘルメットを渡されたときには「大げさな」とも思ったが、内部を歩いてみると天井が低い部分が多々あり、実際に

沖ノ島の西岸には、海流の影響か小さな貝殻が集まった潮だまりがあった。貝殻集めに熱中するチビッコに交じって久しぶりに拾ってみたものの……

戦前戦時中に掘られたという「赤山地下壕跡」。壁に残る無数のツルハシ痕が当時の苦労を偲ばせる。ここまでして戦争を続けようとしていたか

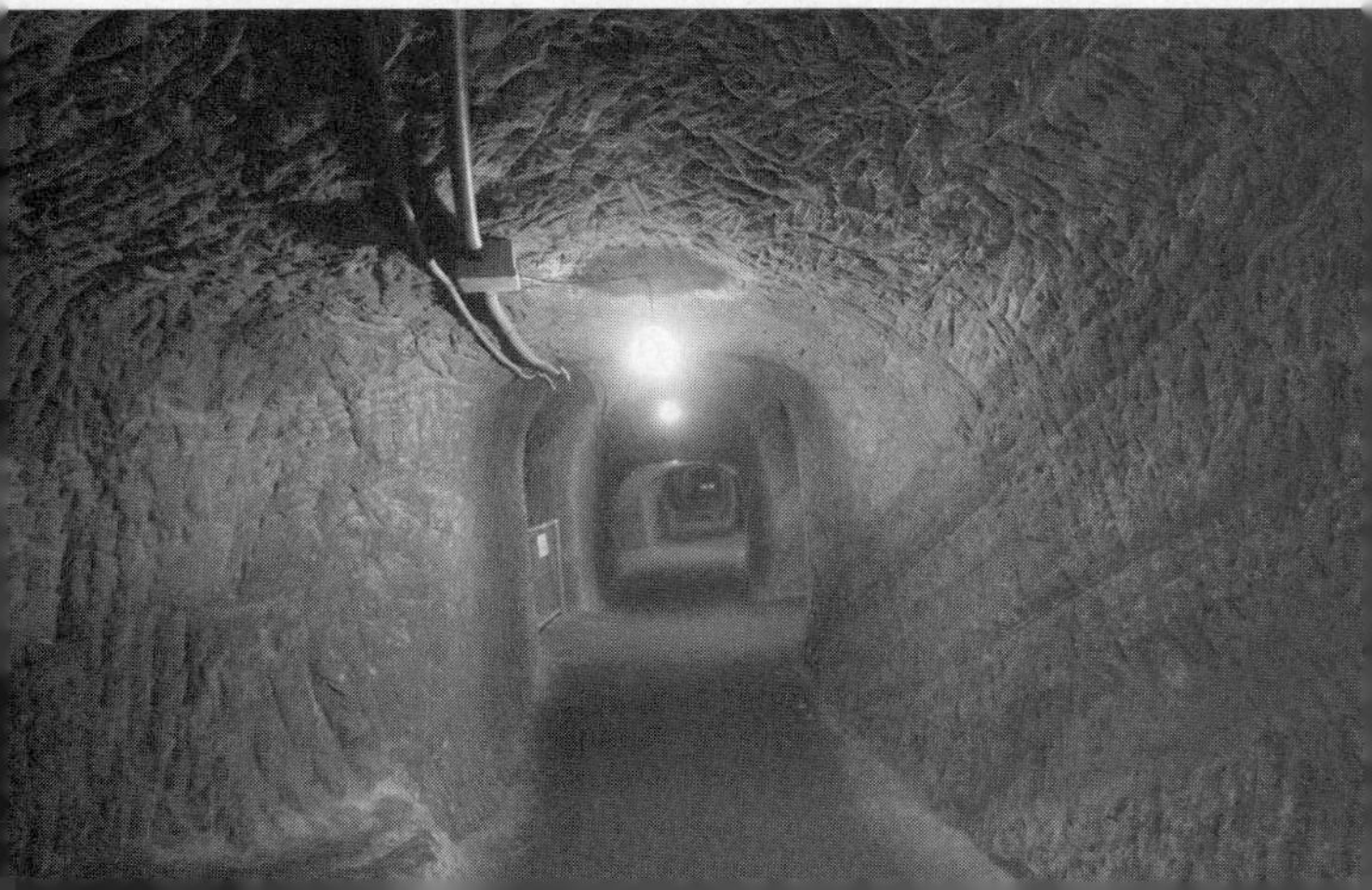

ゴッンと頭をぶつけてしまうこともあった。

この地下壕がいつ掘られたのかは諸説あり、昭和10年代のはじめからという説もあれば、あるいは米軍の本土侵攻が現実味を帯びてきた昭和19年以降という説もある。もしかしたら大きな穴は当初から、そして頭をぶつけるような小さな穴は戦局が押し迫ってきてから急遽《きゅうきょ》掘られたのかもしれない。

内部は入り組んでいてまさに蟻の巣のよう。作戦司令部や指揮所、将校の居住スペースが設けられ、発電所や病院施設も併設されていたという。こんなジメジメした穴に寝かされていたら治る病気も治らないのではと思ってしまうのは、平和な時代ならではのぜいたくか。

それにしてもこんな穴をよくもまあ手作業のみで掘ったものだ。壁にはその苦闘を示すツルハシ跡が今も無数に残されている。

赤山地下壕跡を出て、少し西へ回りこんだ住宅街のなかに残っているのが、掩体壕《えんたいごう》と呼ばれる当時の戦闘機用退避施設。その形状はたしかに戦闘機を格納するのにピッタリに見える。もし自分がこの地で少年時代を過ごしていたら、絶対、秘密基地にして遊んだだろうなという好物件でもある。

ここからもうひとつ、今回一番見たかった戦争遺跡がさらに奥にある。それは航空隊が使用した射撃場の跡。しかしその場所がいまひとつはっきりせず、現地に案内板のようなものもないという。

地形図におおよその場所をポイントして、その界隈をウロウロと歩いてみたが案の定見つからず、半ばあきらめかけたときだった。道路の整備をしている作業服姿の若者がいたので、一応尋ねてみることにした。彼が地元の人か不明だし、そうだとしても知っている可能性は高くないだろう。

しかし、彼の口からいきなり出たのは「射撃場跡のことですか?」ということばだった。尋ねるにあたって射撃場ということばはちょっと刺激が強すぎるかなと思い、「このあたりに戦争遺跡があるらしいんですが……」という婉曲表現にしたところ、いきなり直球ストライクの剛速球が返ってきた。

「そそそ、そうそう!」若干ウロタエながらも話を聞けば、「自分も行ったことはないんですが」という前置きのうえで、そこへ至る山道を教えてくれた。いや、聞いてみるものである。

教えられた通りに車道から土道へ入り、途中からさらに畦道ほどの小径に入る。前方には小さな山があり、その手前は藪《やぶ》に覆われていてよく見えない。そんな藪を払いながら奥へ進んでいくと、いきなりそれは現れた。

見た目はちょっとしたトンネルである。ただし奥行きは10メートルもない。壁はコンクリートで塗り固められているようだが、部分的にそれが崩落して素掘りの岩肌が露出している。

奥からは入口に向かって斜面上に砂が崩れているが、これが崩落したものなのか、もともとそこに着弾緩衝用に盛られたものなのかはよくわからない。

そもそも当初はこれが本当に射撃場跡なのかという確信も持てなかったのだが、ふと天井部を見上げるとそこには無数の弾痕状の傷が。やはりそうなのだ。

あらためてその全体像を確認しようと、少し下がって周囲を見まわすと、隣りにも同様の穴が開いていることがわかった。そしてその隣りにも……。藪に覆われて気がつかなかったが、合計5つもの穴が小山の崖に掘られていたのだった。どれも同じような構造で、そしてどれも天井部には弾痕のような無数の傷。

この射撃場跡を管理していたのは、館山航空隊ではなく、隣接する洲ノ埼海軍航空隊、通称「洲ノ空」と呼ばれた部隊だったという。実戦部隊だった館山航空隊に対して、こちらは兵器の管理・整備兵を養成する部隊だった。戦闘機に搭載された機銃の弾道調整をしたりするときに利用したらしい。ちなみにここで使用していた機銃の口径は7・7ミリという小さなものだったという。それよりも大きな、たとえば20ミリ機銃などを使うと、その威力で射撃場そのものを破壊してしまう可能性があったそうだ。兵器のリアルである。

ここまで戦争遺跡を立て続けに見てきて、ちょっと気疲れしてしまった。最後にはひ

藪の先に残っていた戦争中の射撃場跡。壁面を眺めてみると、素掘りの表面をコンクリートのようなもので補強していたのがわかる

とつ、戦争とは関係のないものを眺めにいこうと田園地帯に足を延ばす。周囲には小さな山が点在するなかに水が張られた田んぼが広がっており、なんとものどかな光景だ。

やがて斜面に開いた小さな穴が見えてきた。このなかには全国的にも珍しい光る藻、ヒカリモが繁殖しているそうなのだ。手前で農作業中のおばちゃんに挨拶をしてから穴をのぞき込む。すると内部にできた水溜まりの上に、たしかに黄金のように輝く藻がびっしりと浮かんでいるではないか。ヒカリモだ。

実際にはヒカリモ自体が発光しているわけではなく、外部から入ってきた光を細胞が鏡のように反射させることで光って見えるそうだが、その仕組みについてはまだ完全に解明されているわけではないらしい。いずれにしてもヒカリモの名に恥じない光りっぷりである。

それにしてもなんでこんなところに穴が開いているのか、先ほどのおばちゃんに尋ねてみると、これももともとは防空壕として掘られたのだという。近くに基地があっただけに、戦争中にはこんな田園地帯にも敵機が来襲したそうで、各戸がそれぞれに防空壕を掘ることを命じられていたのだそうだ。

戦後はしばらくそのままになっていたが、漁師から商品にならないサメやエイをもらってきてここで発酵させ、この地方特産でもあるビワの肥料として使ったりしていたところ、いつのまにかヒカリモが発生するようになったとのこと。

光り輝く藻を見たくてやってきたここも、結局は戦争遺跡に由来するものであった。観光対象として整備されたもの、そのまま山中に放置されたままのもの、そして不思議な生物の生息地となったもの。館山の戦争遺跡はさまざまな余生を送りながら現在に至っているようだった。

忍野《おしの》八海《はっかい》と富士山を望む道

山梨県

一度だけ富士山に登ったことがある。昔は「そんな観光地みたいな山、登れるかい！」と、山歩きは好きなのにあえて日本一の山頂は避けていた。若気の至りである。しかしあるとき、ふと思った。そのうち体力的に「登らない」じゃなくて「登れない」になるんじゃないか。登れなくなってから「登らない」と言ってもあまり説得力はない。そうなる前に一度は登っておくべきかもしれないなと、それまでの考えから変節してある夏に登ったのだった。

初めて登った富士山は、やはりほかの山とは異質だった。樹木がほとんどなく、ひたすら頂きのみを目指して登っていく独立峰。登れば登るだけ眼下の世界が小さくなってはいくけれど、風景そのものがダイナミックに転換することはない。

なによりも3776メートルという標高がケタ違いだった。日本で二番目に標高が高いのは南アルプスの北岳だが、その北岳の標高をもってしても3193メートル。つまり富士山は600メートル近い差をもって、圧倒的な高さを誇っているのだった。北岳に続くほかの山が3000メートル級と呼ばれているのに対し、富士山だけは4000メートル級の世界に片足をかけているといってもいい。

下界がほかの山よりくっきり見えた気がするのは、空気の薄さが理由かもしれないし、そして空気の薄さのおかげでしっかり高山病にもなった。

富士山の弱みも発見した。当たり前のことだが、富士山からは富士山は見えないのだ。それまで町中だろうと山だろうと、展望が開ける場所ではいつも自分が富士山を探していたことに気づかされた。雲ひとつない景色のなかで、どこを見回しても富士山がないという経験をして、あらためて自分は富士山が好きだと知ったのだった。

ならば富士山を眺め続けられる場所を歩いてみよう。富士山に登るわけではないけれど、手前にほかの山並みがかぶって富士山が隠れることもない場所。富士山の麓だ。富士の裾野を巡るように、富士山とともに一日歩いてみよう。

目指したのはその名もズバリ、富士急線の富士山駅だ。以前は富士吉田駅と呼ばれていたものが2011（平成23）年に改称して現在の駅名になった。

ここから富士の裾野を時計回りに周回するように、まずは湧水で知られる忍野村を目標にする。富士山駅から忍野村までは直線距離にすれば5キロもないが、その途中には標高1000メートル前後の山並みが続いている。これを越える手もあったが、それだと富士山方面の視界はどうなるか。

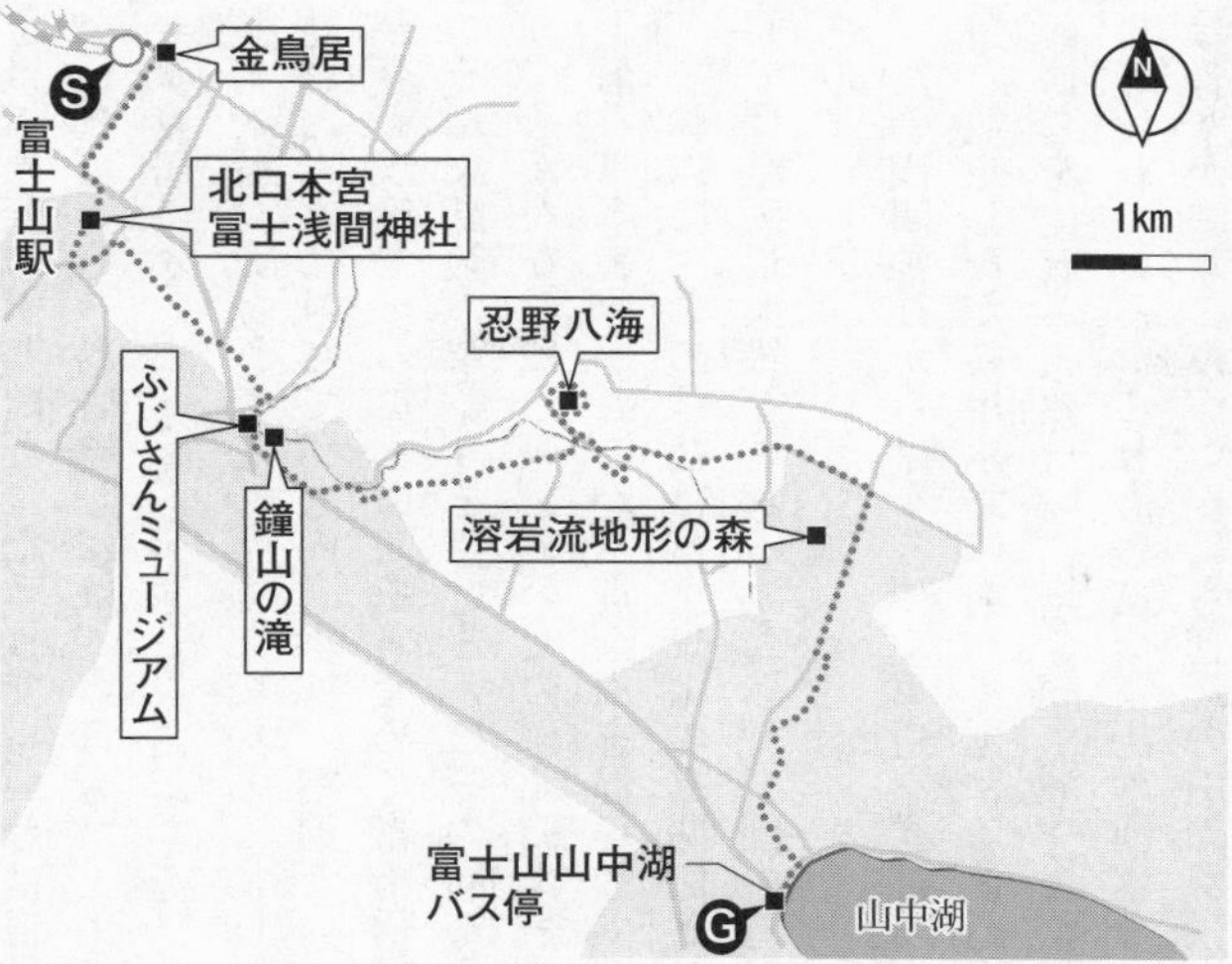

それよりは南側、裾野寄りを迂回したほうが眺めはいいだろう。南に位置する北口本宮《きたぐちほんぐう》冨士《ふじ》浅間神社《せんげんじんじゃ》にも寄ってみたい。

ちなみにこの山を越えるルートを探しているときに、「アムール峠」という表記を発見。「南アルプス市」みたいに、峠の名前にもとうとう外来語が使われる時代が来たのかと驚いたが、かつてその道沿いにあったラブホテルの名前が由来でできた俗称らしい。ホッとするような残念なような、ちょっと複雑な気分だ。

駅から歩きはじめるとすぐに現れるのが、金鳥居《かなどりい》と呼ばれる巨大な鳥居だ。二車線道路をまたぐように堂々と建つこの鳥居、古来、吉田口から富士登山を目指す際の玄関口だったそうで、いわば俗世間と富士の信仰世界を隔てる境界のような存在だ。その鳥居越しには、今日も富士山の巨大な姿をくっきりと拝むことができる。

金鳥居をくぐって富士山を目指して歩けば、通り沿いには「御師《おし》」の文字が入った提灯《ちょうちん》を提げた家がいくつも並んでいる。御師というのは全国各地から富士の信仰登山へ訪れた人々に対して、案内、参拝、宿泊といった面倒を見る神職のことだ。そんな御師が今も現役でいることに、あらためて富士信仰登山の歴史を実感する。

そんな御師の家並みを抜けると、その向こうには鬱蒼とした針葉樹の森が広がっており、そんななかに鎮座していたのが北口本宮冨士浅間神社だった。今から1900年以上前、日本武尊がここから富士山を遥拝して祠を祀ったのが始まりとされている。

それ以降、この神社は富士登山の玄関口として篤い信仰を集めている。木造の鳥居としては全国最大級とされる大鳥居や、国の重要文化財の指定を受けている建造物も多数ある。

富士浅間神社からはなるべく車道を避けて忍野村を目指すべく地形図を眺め回し、国道と並走しながら用水路に沿って延びる農道のような小径を発見。これを辿って東へ。

傍らを流れる水路は、「用水路」なんて呼ぶのがはばかられるほど、清冽な水が勢いよく流れている。これも豊富な富士の湧水なのだろう。反対側に広がる田んぼの水面には青空が映りこみ、いかにも初夏の田園風景だ。

富士山駅から少し歩いたところで車道をまたぐようにそそり立つ金鳥居。その先には霊峰富士が。ここが俗世と富士を分かつ境界なのだろう

途中、背中に大きなリュックを背負った、いかにもバックパッカー然とした欧米の女性ふたり組とすれ違う。以前は珍しくもない光景だったが、コロナ禍の3年間、海外からの来訪者もなく、自分も国外へ出る機会はなかったので、なんだか懐かしくもうれしくもなり、思わず挨拶を交わす。

そのまま進んでいくと「ふじさんミュージアム」が見えてきた。ここは富士登山の歴史や富士信仰についての展示物が豊富だが、今回は隣接する鐘山《かねやま》の滝でひと息入れることにする。滝はそれほど大きなものではないが、周囲を新緑に囲まれており、山深い雰囲気を感じさせる。置かれたベンチでは自転車旅行中と思われるおじさんが、ひとりおにぎりを頬張

っていた。

鐘山の滝を過ぎたあたりから、道沿いには「東海自然歩道」の道標がポツポツと現れる。どうやらこの先の忍野村へと至る小径は、東海自然歩道にも指定されているようだ。桂川《かつらがわ》とつかず離れず、道の周囲にはカラマツの森が広がり、そんななかを下草に覆われた土道が延びている。

別荘地なのか、周囲にはときどき瀟洒《しょうしゃ》な一軒家が現れ、そんな家が少しずつ増えてくると小径は舗装路と合流。それまでの木漏れ日の森から一転、急に強い日差しを浴びるようになったかと思ったら、背後に山々を控えた家並みが現れた。どうやらこのあたりが忍野村の中心部のようだ。

忍野といえば湧水、そして忍野の湧水といえば忍野八海だ。富士山の伏流水をはじめ、周囲の山々に降り積もった雪や雨が、長い年月をかけてこの小さな村に湧き出したものらしい。

湧水は、山中の貴重な平地で営まれてきた農業に活用されてきたのはもちろん、古くは行者たちが富士登拝を行うにあたっての禊《みそ》ぎに用いたり、江戸期に普及した富士講の庶民たちにとっても巡礼地として親しまれたという。

そんな忍野八海だが、現在最も多くここを訪れているのは海外からの観光客だろう。もちろん日本人も少なからずいるのだが、それ以上にこの日も観光バスで大挙してやっ

忍野八海のなかでは最も小さいお釜池。透明すぎて勘違いしてしまいそうだが、この写真に写っているのはすべて水面。右上を泳ぐ魚にご注目

て来ている。忍野八海が集まるエリアは、小さな村とは思えないほど多くの飲食店が並んでいる。各地の観光地同様、ここもいわゆる食べ歩きが人気のようで、みんないろいろと口にしながら、湧水めぐりを楽しんでいる。

その風景を「俗化」のひとことで片づけてしまうのは簡単だが、先ほども述べた通り、この地は江戸時代から富士信仰登山の巡礼者で賑わっていたという。もしかしたら村人にとっては客層こそ変わったものの、当時も今もあまり変わらない日常なのかもしれないな。

ただ、静かな空気感のなかで忍野八海と出会いたいという向きは、団体旅行客が訪れない時間帯、早朝や夕刻を狙ってみるなど工夫が必要だろう。

忍野村からは山中湖を目指す。しばらくは再び桂川沿いを歩いていくと、その先にはかつて富士山の噴火で流れ出た溶岩による地形がそのまま残っている。これは今から1200年ほど前に起きた噴火によるもの。

それだけの時間が経つと溶岩流地形とはいえそこは森に変貌、その一部は「山中のハリモミ純林」として、1963（昭和38）年には国の天然記念物に指定されている。樹齢250年ものハリモミがこれだけの純林を形成しているのは、世界的にも例がないらしい。

国土地理院の地形図を見ると、今もこの森のなかを東海自然歩道が抜けているように表記されているのだが、実際に歩いてみると、道は森沿いの車道に並走するようにつけ直されている。歩く人がいなくて荒廃してしまったのか、あるいは自然保護の観点から修正したのか。いずれにしても森のなかは起伏に富んだ、というよりは細かなデコボコが続くいかにもな溶岩流地形で、そこに道をつけるのは容易ではなかったのではないか。

昔、富士の樹海を歩いたことがあったが、あのときもそんな森の地形に難儀した。ときには落とし穴のようにポッカリと深い穴が口を開けていたりして、キスリング（大きな横長の帆布製ザック）を背負ったままそんなところに落ち込むと、這い上がるのもひと苦労だったことをこの森を眺めながら思い出した。

道の両側を覆っていた森が切れると、その向こうには富士山が高々とそびえていた。

忍野八海が集まる一画は、世界中からやって来た多くの観光客で賑わう。そしてそんな彼らを標高3776メートルから富士山が見守っている

今回の旅のゴールは山中湖。スワンボートとハクチョウが共生する。もともとはこの湖も富士山の噴火による溶岩が桂川を堰き止めてできたものだ

今日、富士吉田から忍野にかけてこれまで幾度となく見せてくれた姿だ。そして脇には森のなかを抜けてきた桂川が再び合流する。

実はここを歩くまで知らなかったのだが、桂川の源流は山中湖なのだった。そして桂川の源流が山中湖ということは、下流部で名前を変えて神奈川県を流れる相模川《さがみがわ》の源流も山中湖なのだった。川の源頭部というと、どうしても毛細血管のように広がった小沢の先から滴る一滴というイメージが強かったので、これはちょっと意外でもあった。

そしてそんな桂川を流れる水を遡るように辿っていけば、眼前に山中湖が広がった。今回のゴール地点だ。

山中湖は富士五湖のなかでも最大の面積を持つ湖で、この湖もまた先ほど紹介した1200年前の噴火によって桂川が堰《せ》き止められてできたそうだ。

大きな富士山を望めることから、ここもまた海外からの観光客に人気のようで、湖畔では多くの観光客が写真撮影に勤しんでいる。何艘もスワンボートが思い思いの方向に向かってペダルをキコキコいわせながら湖面を進み、その傍らでは本物のハクチョウが不思議なものでも見るように、スワンボートの動きをいつまでも視線で追っていた。

第四章　いにしえの道を旅する

中山道《なかせんどう》と碓氷峠《うすいとうげ》

群馬県・長野県

中山道は江戸期に整備された五街道のひとつだ。東海道同様、江戸と京都を結んでいるが、東海道が太平洋岸に沿うように続いているのに対し、こちらは江戸から高崎まで北上し、そこから山中を抜けるように西へ向かって琵琶湖南端の草津で東海道と合流、京都を目指した。

距離的には東海道より40キロも長かったにもかかわらず、大井川《おおいがわ》のような長期川留めのリスクがある大河が少なかったことや、こちらのほうが辺境とあってか物価も安かったことから、中山道を利用する旅人も少なくなかったらしい。

もちろん「行きは東海道で来たんだから帰りは違う道、中山道を歩こう」という、旅行としての純粋な楽しみからこちらを歩いた人も一定数はいたはずで、こういう考えかた、好きです。

これまで何度か中山道を部分的には歩いたことがあったが、難所といわれた碓氷峠はまだ越えたことがなかった。厳密には明治期に開通した碓氷新道は歩いたのだが、やは

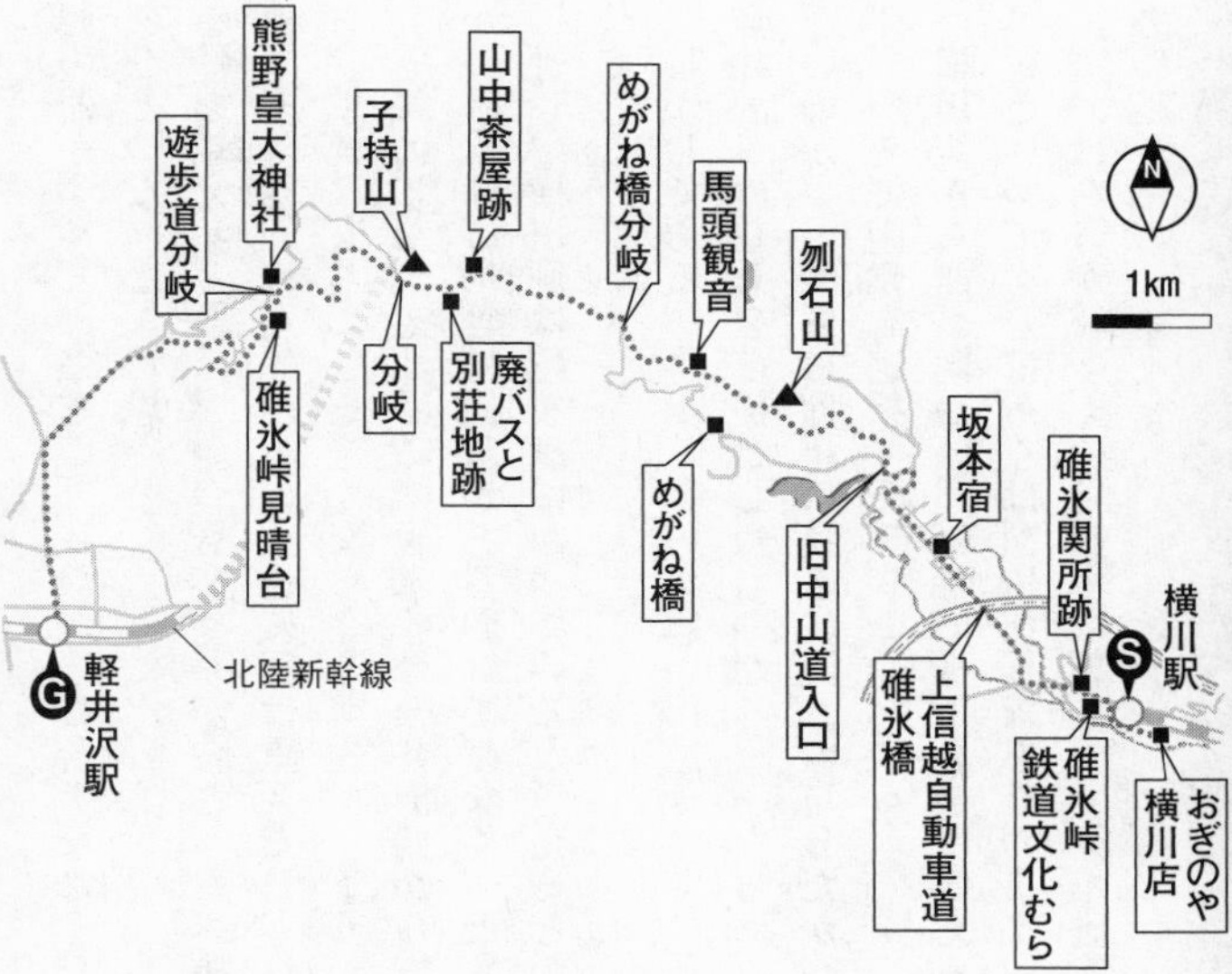

り中山道を辿るといったら現在は旧碓氷峠と呼ばれている古道のほうでしょう。大名行列も越えたこの峠を歩いて越えようじゃないか。

ＪＲ信越本線の横川駅で下車。かつてはホームの釜めし売りが風物詩だったこの駅も、北陸新幹線の開通で在来線の終着駅になってしまい静かなもの。駅を境に線路はプッツリと途切れ、その先に見えるのは使わなくなった鉄道用地を利用して開園した「碓氷峠鉄道文化むら」という鉄道公園だ。

横川駅の有名駅弁だった「峠の釜めし」は、現在も線路と並走する国道沿いの直営店で売られているので、お昼用にひとつ購入。陶

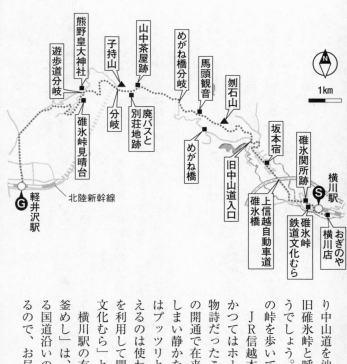

製の器がずっしりと重い。我ながらご苦労なことだと思うが、こういうのも旅の楽しみのひとつなのだ、と思う。

峠を越えるときは、いつもどっちからどっちへ抜けるかが悩ましい。起点までのアクセスや降り立った先からの交通機関は重要だし、地形を鑑みての効率といったこともある。単純に楽ちんさを選ぶなら登りが短く、下りが長いほうがいい。

それにしたがえば、この碓氷峠は軽井沢側から横川側へ抜けるのが正解だ。東西を分かつ碓氷峠は均等に傾斜があるわけではなく、どちらかといえば比較的平坦な軽井沢側に対し、横川側は急な崖になっていると考えるとわかりやすい。いわゆる片峠というやつである。

しかしである。碓氷峠といえば中山道きっての難所。その表現もおそらくは横川から軽井沢への登りを前提としたものだろう。ならばここはその難所ルートを選ぶべきではないのか。いつもは簡単に易きに流れる自分だが、今回ばかりはこのことが頭から離れず、あえて困難を選択する。

横川駅から西へ向かい、当時の様子を今に伝える碓氷関所の門をくぐっていざ碓氷峠へ。といってもしばらくは国道18号線をそのまま辿っていく。この道も碓氷峠を抜ける街道ではあるが、多くの自動車は新しくできた碓氷バイパスを選択するようで、往来はまれだ。

やがて頭上を上信越自動車道の碓氷橋が渡っていく。その長さは1267メートルと、上信越自動車道のなかでは最長の橋だ。

そしてその先、まっすぐに続く道筋に見えてきたのが、中山道六十九次の宿場のうちの江戸から数えて17番目にあたる坂本宿だ。家並みの多くは更新されているが、ところどころに歴史を生き延びてきた建物が残っている。これから碓氷峠を越えるにあたっての最後の宿場とあって、ずいぶん賑わったらしい。実際、大名がとまる本陣、脇本陣が4軒、一般旅行者が泊まる旅籠《はたご》が40軒もあったそうだ。

坂本宿を抜け、かつての信越本線の上り線を遊歩道に転用した「アプトの道」を見下ろしながら先へ進むと、ようやく旧中山道への入口が分岐する。入口に設けられたベンチで休憩しながら南の風景を見上げれば、妙義《みょうぎ》の異様な山容が並び、その独特な光景はちょっと不気味ですらある。

旧道はいきなりの急登から始まった。地形図を見るかぎりでは、ここから途中の刎石《はねいし》山《やま》までが一番傾斜がキツいようだ。周囲は樹林に囲まれて展望も利かないので、そんなときは足元を見つめながらひたすら標高を稼いでいくしかない。

すると、今まさに自分が踏みだそうとした路面になにか落ちているのが目に入る。大きくて、黒い。フンだ。しかもけっこう新しい。

そのフンの落とし主を検索するため、脳みそがものすごい速度で情報処理を開始する。

できればシカやイノシシ、サルという答えがほしいのだが、ブツの状態や大きさがそれを否定する。そして導き出された解答はクマ。そこにいたって、持参していやいやながらもクマ除《よ》け鈴をリュックにしまったままだったことに気づき慌てて装着。あえて揺らして大きな音を鳴らせつつ、おそるおそる山中を進んでいく。

多くの旅人や大名行列が歩いた道だけあって、道沿いには石碑や石仏が数多く祀られている。地蔵仏はこの道を行く旅人の安全を祈るものであり、馬頭観音は旅に斃《たお》れた牛馬を供養するためのものか。傍らに積まれた苔むした石垣も当時からのものなのだろう。

途中、「覗（のぞき）」と書かれた立て札があったので、文字通り眼下をのぞいてみれば、そこには先ほど歩いてきた坂本宿が一望のもとに。碓氷峠から歩いてきた人はここからの風景を目の当たりにして、この日の旅の終わりが見えて安堵したことに違いない。

刎石山の頂上近くを巻いたあたりから、対向してくる登山者の姿が目立つようになってきた。それぞれ数人単位のグループだが、意外だったのがそのおおかたが欧米人だったこと。みんなすれ違いざまに「コニーチワ！」と挨拶をしてくれる。

おそらくは軽井沢あたりに宿をとって、こちらに向けて歩いてきたのではないか。実際ヨーロッパあたりでは、頂上を目指す登山よりもこういったクラシック・トレイルを歩く旅のスタイルがポピュラーだ。彼らが日本のこういった道の存在を知り、そんな旅を日本でもするようになったのだとしたら、それはなんだかうれしい話だ。

横川駅から国道18号線を西へ辿っていくと、やがて坂本宿に到着する。道沿いには往年の本陣や旅籠跡も残っている

国道からそれて旧中山道へ足を踏み入れる直前、歩いてきた方向を振り返ると独特な山容をした妙義山がこちらを見下ろしていた

この先、道はしばらく尾根上を辿る。アップダウンも緩やかになり、周囲は広葉樹林に包まれ気持ちのよい山歩きだ。

途中で左手に「めがね橋」への分岐を示す道標があった。めがね橋というのはかつての信越本線が通っていたレンガ製の四連アーチ式鉄道橋のことだ。上信国境も近い山中に今も悠然と佇むその存在感は格別で、鉄道ファンのみならず、一般の観光客にも人気が高い。ちなみに旧道に入る直前に交差したアプトの道をそのまま歩いていくと、この橋上に至る。

やがて辿りついた山中茶屋跡と呼ばれる場所は、この峠道のちょうど中間地点にあたり、13軒もの茶屋が建ち並んでいたそうだ。明治期には小学校も建ち、25人も児童がいたというが、今はかろうじて家々の石垣が確認できるばかり。時代が変わり、鉄道が碓氷峠を抜けるようになって、この道が急激に衰退していったのがうかがえる。

そしてこの先から始まるのが山中坂と呼ばれる長い登り坂だ。傾斜はさほどでもないのだが、とにかく単調かつ長く続く。当時ここを歩いた旅人は、この坂を越えるために山中茶屋で腹ごしらえをしたことから、別名「飯喰い坂」とも呼ばれたそうだ。

そんな坂をダラダラと歩いている途中で、奇妙な光景に出会った。道端に古いバスが放置されていたのである。もちろん廃車だ。窓ガラスはすべてなく、外装もボロボロで真っ赤に錆《さ》びている。形状からして時代は昭和か。車体に「千曲○○」という社名と思

旧中山道に入って30分ほど山道を登っていくと、「覗」と書かれた立て札が現れ、そこからは先ほどの坂本宿を見事に俯瞰することができた

山中に現れた古いバス。周囲には廃墟となった別荘風の建物もいくつか残っていたので、おそらくはそれに関連するものだろうと想像する

しき文字が書かれていることから、地元のもののようだ。

あらためて廃バスの周囲を見渡してみると、朽ち果てた住居がいくつも建っている。状況から判断するに、リゾート開発で別荘地にしようと目論んだがかなわず、そのなれの果てといったところか。たしかにこのあたりまで来ると、自動車1台くらいなら通れそうな道幅にはなっているが、それにしてもここまでバスで来たのがすごい。

バス内部の様子を見ようと乗降口から顔をのぞかせたときだった。有象無象の資材が乱雑に積まれた奥で「ガサッ！」という音とともになにかが動く気配。ドキリとしつつも成り行きを見守っていると、現れたのは一匹のネコだった。

クマのような大型獣じゃなくてホッとするいっぽう、不思議な気持ちにもなる。ここから人が住んでいるところまで、どっちに向かっても1時間はかかる。こんなところでネコが単独で生きていけるのだろうか。冬は雪に閉ざされるのではないか。

そこで再びドキリとしたのが、このネコの飼い主にあたる人間が周囲の廃墟のいずれかに住んでいるのではないかという想像だ。一度そんなことを考えてしまうと、廃墟の奥からこちらをジッと観察している視線を感じる気もする。それまでは廃墟のほうものぞいてみようかと思ったが、そんな幻覚とも思い込みともつかない思考にとらわれてしまったあとは、急に怖くなって足早に立ち去るのみだった。

山中坂はさらに続き、子持山の山頂を巻いたところで分岐が現れた。碓氷峠へは左の

碓氷峠に無事到着。見晴らし台に足を運んで、横川で手に入れた峠の釜めしを開ける。食べ終わった陶製の容器、持ち帰ってなにに使おうか

碓氷峠に鎮座する熊野皇大神。群馬県と長野県の「県境」に位置するという、全国でもまれな神社。この日も多くの参拝者が訪れていた

小径を入るが、右の道のほうが道幅は広い。おそらくあのバスはこちら側から入ってきたのだろう。ここからは一度沢筋まで下降し、そこから再び登り返せば碓氷峠に到着だ。

碓氷峠には創建が110年と伝わる熊野皇大神社《くまのこうたいじんじゃ》が鎮座するほか、いくつもの茶屋も軒を連ねている。ここではぜひとも碓氷峠名物の力餅《ちからもち》を食べてみたかったのだが、平日とあってか、なんとすべての店が閉まっている。軽井沢側からはマイカーでもやって来られるとあってそこそこ観光客もいるのだが、みんな残念そうである。休日以外は採算が合わないのかもしれないが、せめて一軒だけでも交替制で開けてくれていたらなあ。

だが、こんなこともあろうかと思って、横川から重い思いをして釜めしを担いできたのだった。この日の道程を振り返ることができる見晴らし台まで行って、そこでご開帳。峠で峠の釜めし。単なる酔狂かもしれないが、それでもこの釜めしはこれまで食べたなかで一番味わい深いものとなった。

ここまで来たらあとは軽井沢の町まで下るだけ。駅まではバスも通っているものの、どうせなら最後まで歩き通したい。そしてそんな人のために遊歩道も整備されており、その遊歩道の出自も旧中山道だと聞けば歩く気力も湧き起ころうというものだ。

遊歩道に足を踏み入れたとき、つい一週間ほど前にこの道で登山者がクマに襲われたという注意書きを見てしまったのは、さすがにちょっとイヤだったけど。

鎌倉古道《かまくらこどう》で「いざ鎌倉！」

神奈川県

関東平野を歩いていると、予期せぬ場所で「鎌倉古道」と書かれた道標に出会ったり、ときにはいつのまにか自分が鎌倉古道を歩いていたりすることもある。実際に鎌倉古道は著名なものだけでも5つもあり、さらにはそれら同士を結ぶ支道や間道と呼ばれるものも数多く存在する。そのわりには実情に関してまだまだ研究が及んでいないそうで、そんなことも唐突に鎌倉古道と遭遇する一因なのかもしれない。僕にいたっては、長いこと鎌倉古道というのは独立した一本があるものとばかり思っていたのだから情けない話である。

そんなふうに旅先で突然、鎌倉古道に遭遇するのも旅のスパイスとしては悪いものではないが、やはり一度は鎌倉古道を辿りつつ最後は鎌倉へ入る旅に憧れるではないか。ならば歩いてみよう。一日かけて古道を歩き、そして「いざ鎌倉」。鎌倉を目指す旅へ。

そもそも鎌倉古道とはどんな道なのか。これは鎌倉時代に幕府が置かれていた鎌倉へ向けて、関東一円の御家人がなにかあったときに一刻も早く馳せ参じるために整備された道だ。

すべてをゼロから造成したわけではなく、既存の地方道やそれ以前に整備された官道などを活用し、それらを繋《つな》いで一本の道として完成させたものらしい。著名なものだけでも、鎌倉から関東平野の中央を北上して群馬県高崎市へ向かう上道、関東平野の東部を北上して浅草、土浦、奥州《おうしゅう》へ向かったとされる下道、川口から岩槻《いわつき》を経て宇都宮方面へ至る中道、秩父《ちちぶ》経由で高崎方面を目指す山道、千葉県方面への下総《しもうさ》道といったものがあったようだ。今回歩くのはそのなかでも一番知られているであろう上道だ。

鎌倉古道を実際に歩いた先人たちの記録、そして現在の地形図を併せて読み解きつつ、起点として選んだのは横浜市の泉区。駅にすると相模《さがみ》鉄道いずみ野線のゆめが丘駅。隣接する横浜市営地下鉄の下飯田駅でもいい。

いずれにしても駅を出て少し西へ向かうと現れるのが境川《さかいがわ》。その名の通り、かつては武蔵国《むさしのくに》と相模国《さがみのくに》の国境でもあった川だ。上道はこの境川に沿うように北は町田方面へ、南は鎌倉方面へ延びている。もちろん今回は鎌倉を目指して南下だ。

住宅街を抜けて境川を目指すと、畑をはさんで並走する車道沿いに小さな公園があった。遊具を備えたただの児童公園かと思って素通りしようとしたところ、傍らに大きな石碑が建っており、そこには「富士塚城址」の文字が。のちほど調べてみると、ここには源頼朝が関東に挙兵して危機に陥ったさいに、彼を救った飯田五郎家義の館があった

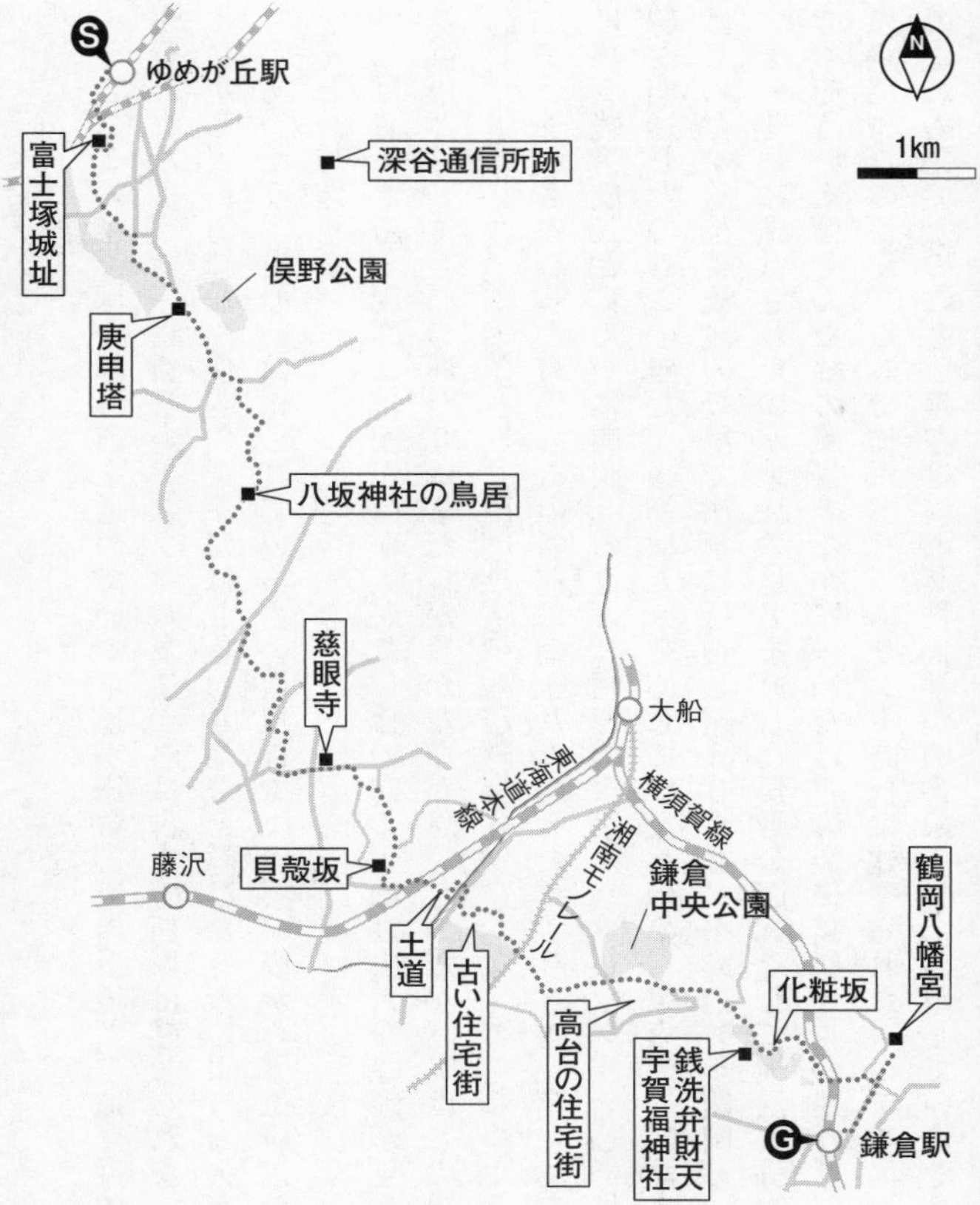
S
ゆめが丘駅
富士塚城址
深谷通信所跡
1km
俣野公園
庚申塔
八坂神社の鳥居
慈眼寺
大船
東海道本線
横須賀線
湘南モノレール
藤沢
貝殻坂
鎌倉
中央公園
鶴岡八幡宮
土道
古い住宅街
高台の住宅街
化粧坂
銭洗弁財天
宇賀福神社
G
鎌倉駅

そうだ。

そしてこの富士塚公園の前を通っている車道が鎌倉古道の上道だ。道は近年拡張工事が行われたようで、真新しいアスファルト道からは古道の面影は感じられない。

しかし、沿道に並ぶ住宅のなかにはときおり豪農と呼びたくなるような大きな一戸建てがあったり、道沿いに祀られている古い道祖神《どうそじん》や庚申塔《こうしんとう》の姿から、工事以前の様子をなんとか想像する。

しばらくすると周囲には田んぼが広がり、その向こうには広大な緑地が見えてくる。横浜市とはいえ、このあたりはまだ緑が豊かだなと思ったのだが、実はこの緑地は以前「横浜ドリームランド」という遊園地があった敷地なのだった。行ったことこそなかったが、子どものころから僕もその名前は聞き及んでいた。１９６４（昭和39）年、まさに高度経済成長ど真ん中に開園とのこと。昭和の東京オリンピック、そして東海道新幹線が開通したのもこの年だ。当初は人気を博していたものの、東京ディズニーランドをはじめとする後続施設の登場で次第に低迷し、２００２（平成14）年閉園。

その跡地に造営されたのが地元の地名を冠した俣野《またの》公園、そして横浜薬科大学だそうで、そういえばそんな緑の風景のなかに一棟だけ、唐突に高層ビルが建っているのが不思議だったのだが、これは横浜ドリームランド時代に建てられた「ホテルエンパイア」のなれの果てとのこと。現在は横浜薬科大学が図書館として活用しているそうだ。

歩き始めた鎌倉古道は近年道路拡張工事が行われたらしく、古道の風情は失われていたが、この双体道祖神はそのままの状態で祀られていた

森や畑が広がるなかに突然高層ビルが現れた。現在は大学の図書館として用いられているこの建物は、かつてはホテルだったそうだ

鎌倉古道を離れてしまうがもうひとつ。横浜ドリームランド跡地を地形図で確認していたところ、その少し北に不思議な地形を発見。住宅街が密集するなかに謎の空間が広がっているのだ。その形状はほぼ正円。直径1キロにも及ぶ広大なものだ。

これはかつて在日米軍が接収して使用していた深谷通信所の跡地だった。2014(平成26)年と比較的最近に日本に返還され、現在は公園としての再活用を検討中とのこと。鎌倉時代を求めて歩いているのに、なんだか昭和から平成にかけての遺構がポンポンと現れてくる。

この先、古道は少しずつ境川を離れて登り始める。川沿いでも行けそうなのに、あえてアップダウンがあるこちらに道をつけたのがちょっと不思議だったが、もしかしたら当時と今とでは境川自体の流路も異なっていて、こちらこそが川沿いだったのかもしれない。

道を一度登りきったところには、道からあえてずらしたような形で鳥居が建っていた。これまた奇妙な風景だなと思ったが、こちらはもともと手前にあった八坂神社の参道だったそうだ。後年の道路拡張によって参道の一部が削られてしまい、こんなふうにポツンと鳥居が残っているのだという。

ここには、これまで歩いてきて初めて鎌倉古道に関する解説板が掲げられており、この道こそが新田義貞が鎌倉に攻め入るさいに進撃した道である旨が記されている。もと

鎌倉古道の脇に鳥居だけがポツンとあるのが不思議だったが、これはもともとは少し東にある八坂神社のものらしい。道路改修で参道が寸断された

もとは御家人が鎌倉へ馳せ参じるための鎌倉古道だったが、のちに幕府打倒のための行軍にも利用されたのは歴史の皮肉か。

この場所は鎌倉から別ルートで北上してくる古道との合流点でもあったそうで、往年の交通の要衝だったようだ。

やがて道は国道1号線を渡り、横浜市から藤沢市へと入る。周囲には再び住宅街が目立つようになり、古道はそんな宅地化計画に呑み込まれてしまったのか。とりあえずは方角を目星に先へと進む。

地形図に自分で引いた古道を示す線と現場の風景を比較しながら、「この道筋で正解なのか」と不安を感じることもあったが、そんなときにかぎって路傍には古い元号が彫られた道祖神が祀られており、ここが歴史ある道だということを教えてくれる。まさに昔から旅の安全を祈ってくれた神様に救われる気分だ。

県道312号線と交差するところで、道路標識に初めて「鎌倉」の文字が現れた。よしよし、道は間違っていないようだ。着実に鎌倉には近づいているなとほくそ笑みながら、貝殻坂と呼ばれる長い坂道を下っていき、さらに屈まないと頭をぶつけそうな小さなアンダーパスでJR東海道本線をくぐる。

するとそこには、この日初めて土の小径が現れた。まさに当時の道の様子はこんな感じだったのだろう。とはいってもこの道はあえて古道を維持保存しているのではなさそうだ。右手に大きな工場、左手にはバスの車輌基地があることから、それらの用地の狭間として偶然残されたものと考えるのが妥当だろうな。

小径の先を流れる柏尾川《かしおがわ》を渡るために少し迂回し、そこから再び住宅街へと入り込む。しかしそこからの住宅街は、それまでとはなんだか趣が異なる。家々は大きく、しかも年季を感じさせ、周囲にはすれ違いも難しそうな車道がクモの巣のように広がっている。そしてときおり現れる堆積岩の崖。

こんな風景、どうも既視感があるなあと思って地図で確認すれば、まさに先ほどの柏尾川が市境。鎌倉市に入ったのだった。既視感は以前鎌倉を歩いたときに眺めたそれだった。鎌倉に入れば多少風景も異なるだろうとは思ってはいたが、まさかこんなに劇的に変わるとは。

そしてここまで来れば、鎌倉の中心的存在である鶴岡八幡宮も射程圏内だ。ということは最後の山越えが待っている。ご存じの通り、鎌倉は海に面した南以外をすべて山に囲まれた天然の要塞だ。源頼朝が幕府を開いたのも、この地理的条件が大きかった。

歩いてきた上道も、ここからは鎌倉の北西に位置する源氏山へ至る尾根を辿り、最後は鎌倉七口のひとつである化粧坂《けわいざか》の切り通しを転げ落ちるようにして市街地へ入っていくことになる。

とはいっても源氏山の標高はわずかに92メートル。しかも山頂は踏まずに手前で下っていくので、それほど気負う必要はない。実際、少しずつ標高を上げていく道筋は広い住宅街のなか。どの家も大きいうえに新しく、さながら山の手の高級住宅街といったところ。住宅街は尾根まで続いているので、尾根歩きというよりは住宅街歩きだ。

この尾根の北側には緑地をそのまま生かした鎌倉中央公園や、開発の危機にあった森を市民運動によって保全することに成功した「台峯《だいみね》の森」などもあり、そちらを経由してもよいのだが、今回は鎌倉古道を辿るのが趣旨なのでそのまま家々の間を抜けていく。

車道から分岐していく細道に入れば、周囲は樹木に囲まれていかにも鎌倉らしい、自然と建造物がバランスよく織りなされた一帯に入っていく。そしてその奥に見えてきたのが化粧坂だ。

源氏山を越え、化粧坂を一気に下っていざ鎌倉へ。この坂は1333（元弘3）年、新田義貞の鎌倉攻めのときにも戦場になったという

多くの若者で賑わう鶴岡八幡宮。コロナ禍で友人と出会うことはおろか外出もままならなかった3年間は、若者にとってはつらい時代だっただろう

国の史跡にも指定されているこの坂は、現在も往年の雰囲気をよく残しており、階段や手すりなども整備されていない。慎重に歩けば転倒するようなことはないだろうが、それでも一枚岩の上に水がしみ出て滑りやすい場所もあるので注意は必要だ。

最後の難所である化粧坂を下れば道はJR横須賀線沿いを並走、踏切で線路を渡って小町通りへ入れば本日のゴール、鶴岡八幡宮に到着だ。

数ある鎌倉の観光スポットのなかでも有数の人気を誇るこの神社。平日にもかかわらず、男女を問わず若者たちの参拝者がとても多い。コロナ禍が収束しつつある影響だろうか、誰もが食べ歩きをしたり、歓声を上げたりとなかなかの賑わいぶりだ。ここまでひとり黙々と歩いてきたおじさんは、その喧噪を前に動揺を隠せず、そそくさと参拝をすませて鎌倉駅へと向かう。

いにしえの鎌倉古道は当時から既存のさまざまな道を利用、つなげて延伸させた道だとは聞いていたが、現在もやはりそれと同じく国道や県道、住宅街の道など、幾多の道をつなげて鎌倉へと続いていたのだった。

鯨《くじら》と花嫁街道《はなよめかいどう》

千葉県

千葉県南房総市《みなみぼうそう》の和田。ここに浜辺と山辺の集落をつないできた古い山道があると聞いた。いずこもそうだと思うが、海と山ではそれぞれ手に入れやすいもの、そうでないものが違う。山では当然、魚をはじめとする海産物が貴重だが、なかでも欠かせないのが塩だ。いっぽう海辺の集落では、塩のもととなる海水は無尽蔵に手に入るが、その海水を焚いて塩を作るのに必要な燃料の確保に苦労したという。

ここでは漁具や樽の製作に欠かせなかった竹なども海辺へ運ばれたほか、お互いの集落間での嫁のやりとりにあたっても、花嫁行列がこの山間の道を往来したらしい。そんなこともあって、現在この道は「花嫁街道」というなんだかロマンチックな名前で呼ばれているそうだ。温暖な南房総の低山をのんびり歩くことに加えて、そんな歴史に惹かれて訪れる人も多く、僕もそんなひとりとなってこの地を訪れた。

無人のJR内房線《うちぼう》和田浦駅を下車する。内房線といっても、ここまで来ると東京からは内房線でもJR外房線《そとぼう》でもあまり時間は変わらない。たまたま外房線のほうが若干早かったので往路はそちらを利用したが、帰路は内房線経由で帰り、一日で房総半島を一周してしまおうかなと考える。

駅から内房線に沿うように北上。周囲には房総の穏やかな里海里山風景が広がってい

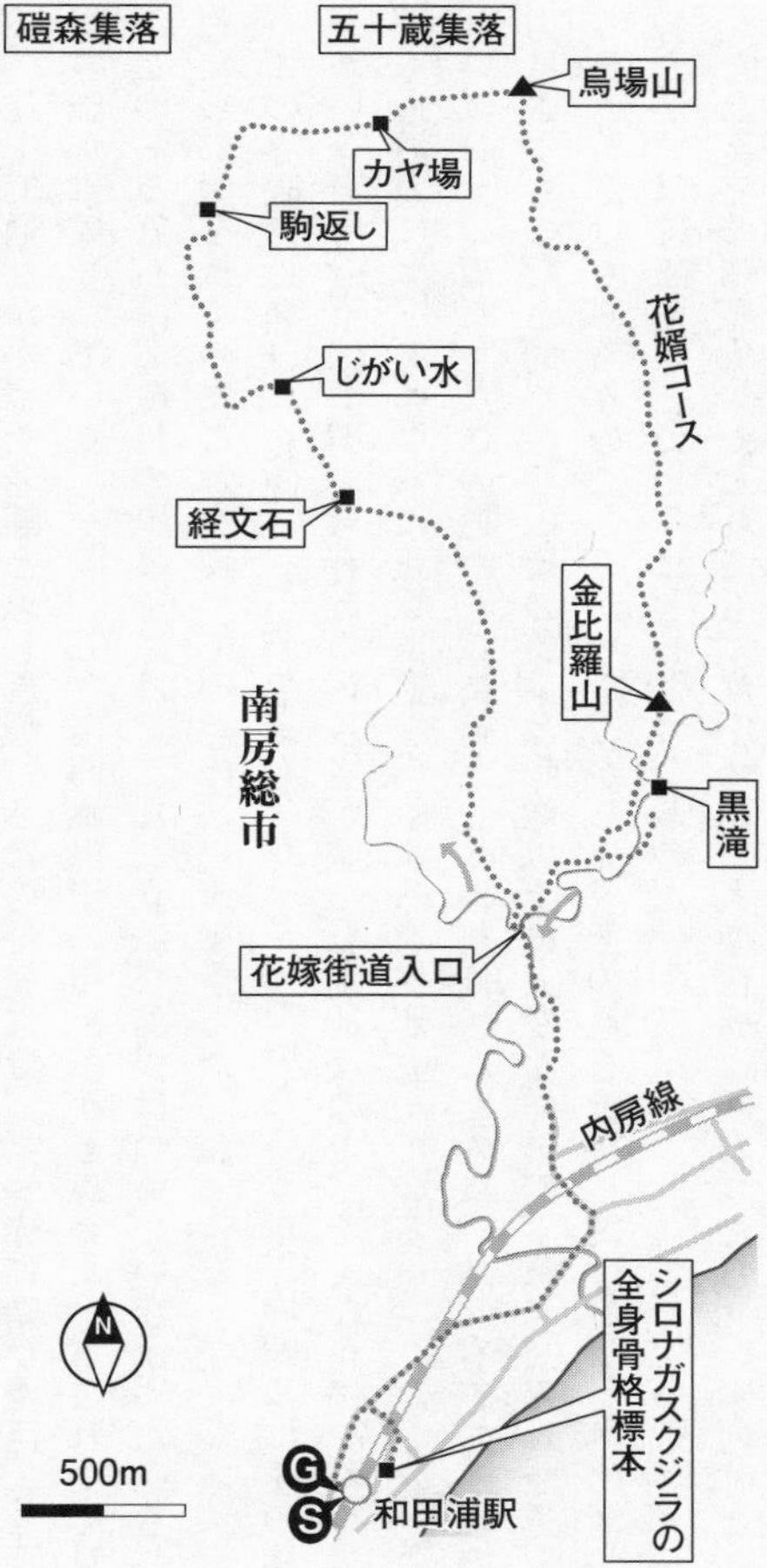

る。途中で通りかかった老舗と思しき鰻屋《うなぎや》さんの軒先には、真っ赤に錆びた巨大な羽根つき釜が放置されていた。一瞬、五右衛門風呂用の風呂釜かと思ったが、これまで見たことのある五右衛門風呂の風呂釜には、こんな立派な羽根はついていなかった。もしかしたらご飯を炊くのにこれを使っていたのか。鰻屋さんだしね。

この界隈の地名は「花園」。だからというわけではないだろうが、周囲には花の農家が多い。南房総市は全国でも有数の花栽培が盛んな土地なのだ。そんな花畑やハウスが続く道沿いには、あちこちに花嫁街道を指示する道標が立っている。

いにしえの道だったこの道が花嫁街道として再整備されたのは、地元有志のかたの尽力によるものだと聞く。登山道の整備は想像以上に大変な作業だ。藪《やぶ》にまみれた道を切り拓く苦労はもちろんのことだが、そこから先、その道を維持し続けることへの情熱と労力が、ほぼ無期限といえるほど必要になるのだ。

たとえ完璧に整備したとしても、集中豪雨や大型台風に襲われたら元の木阿弥ということも少なくないはずだ。この道にも、そんな苦労は今も絶えることなくあるのだろう。その努力に感謝しつつ花嫁街道に足を踏み入れる。登山口に祀られた双体道祖神《そうたいどうそじん》が道中の安全を祈ってくれているようだ。

最も高い烏場山《からすばやま》でさえ標高は266メートルとあって、コースはおしなべて緩やかな道のりだが、登山口が海に近いぶんしばらくは登りが続く。道筋は明瞭で踏み固められているが、ときおりほじくり返されてバフバフ状態になっているのはイノシシのしわざか。

当初はスギの植林が続いていたが、やがてマテバシイやヤブツバキといった常緑広葉樹が増えてくる。その森の様子はよく歩く奥多摩をはじめとする関東近辺とは異なり、どちらかというと伊豆諸島のそれに近い気がする。やはり沖合を流れる黒潮が、ここにも温暖な気候を呼び込むのだろう。

途中に現れる「経文石《きょうもんせき》」と呼ばれる巨石は、かつては表面に経文が彫り込まれていたことからその名がついたらしいが、現在は風化や剝離によってその名残を見つけることは難しい。表面を指でさすってみれば爪でキズがつくほどの柔らかさで、石とはいっても房総半島に多い堆積岩なのだろう。柔らかいがゆえに文字が彫りやすく、柔らかいがゆえに消えていったということか。

そこからさらに歩いていったところには、「じがい水」と書かれた不思議な道標が立っていた。これは「自害水」あるいは「自我井水」の漢字が当てられるそうで、前者にはここの水を飲んでのちに自害したという平家の落ち武者伝説が、後者には隠し田のためにこっそり引いた水源の伝説が伝わっているらしい。地形図でも見落としてしまいそうな小さな谷状地形だが、どちらにしてもそれほど豊富な水量は期待できなそうだ。

やがて道は烏場山方面と、礑森《するすもり》や五十蔵《ごじゅうくら》といった山間の集落へと下る道に分岐するが、集落への道には崩落による立入禁止の規制線が張られていた。これも数年前、房総半島に甚大な被害を及ぼした台風の影響だろうか。

実はここまでにも、西側へ下る道がいくつかあった。地形図で確認すれば、それらはいずれも点在する小さな集落へとつながっている。そしてもしかしてと思い、古い地図も引っ張り出してみれば、1903（明治36）年に測量された地形図にもそれらの道はしっかり描かれている。やはりこの山中の道は周辺の集落同士を結ぶ重要な交流路だったようだ。

そのいっぽう、昭和に入ってからの地形図には現在歩いている花嫁街道の道筋すら一部描かれなくなったものの、最新のものには再び道筋が記載されている。これは戦後、麓《ふもと》の三原川《みはらがわ》沿いに車道が開通したことで山中の道は廃れ、それをハイキングのための道として復活させたという事情と合致している。

だとすると先ほど立入禁止になっていた道は、花嫁街道のメインルートではなく、かといってもはや地元集落の人が利用するのでもないわけで、今後復活するのは簡単ではないかもしれない。

ちなみにその道との分岐点の地名は「駒返《こまがえ》し」。集落からそこまでは、馬でも来ることができたのだろう。

分岐から道は尾根伝いを東へと向かう。そして眼前に烏場山の小さな山頂が近づいてくると急に視界が開け、日の光が降り注ぐ。南へと視線を向ければ新緑の山々の彼方に太平洋の青い海が広がっている。

この場所の名前は「カヤ場」。カヤ場はおそらく茅場、萱場。尾根の直下にある礎森や五十蔵集落の家々がまだ茅葺《かやぶ》きだったころ、ここはその材料となるススキやヨシなどの茅を採取する場所だったのではと想像する。そしてそのおかげでここには樹木が育たずに、現在もこんな好展望地を残してくれているのではないだろうか。ベンチも用意されており、お昼の休憩場所としても最適だ。

烏場山の山頂に至る直前。地形図には記載されていない、北側へと下る道が現れた。道標には「五十蔵」の文字。試しに途中まで下ってみたところ、この日歩いてきたなかではどこよりも道幅も広くしっかりした道だ。先ほどのカヤ場との往来に昔から使われてきた道だろうか。

烏場山山頂は、小さなスペースに三角点が埋め込まれていた。周囲には樹木が生長していて残念ながら展望はあまりない。重なる枝の隙間、小窓のような穴から辛うじて太平洋を望むことができるのみだった。

下山は山頂から直接南下する道を下る。こちらの道は花婿コースと名づけられ、歩いてみればたしかに花嫁街道よりはアップダウンも多く、やや厳しめだ。これはよく神社の参道にある男坂・女坂的な解釈でよいのか、あるいは花嫁さんはともかく、花婿のほうはこっちの道をひとりワシワシと登ってきて男気を見せてみろということか。

そんな道をひたすら南へ、つまり海に向かって下っていくとやがて標高121メートルの金比羅山《こんぴらやま》を越え、その先で黒滝と呼ばれる落差15メートルほどの滝に飛び出して登山道は終わる。本来は滝の上部から直下まで直接アクセスできる木製の階段があったのだが、残念ながら老朽化のために立入禁止の立て札が。そもそも滝に近いうえに、海にも近いとあっては木造物の寿命も短いだろう。しかたがないので一度林道で下り、そこから川沿いを遡るかたちで黒滝を見上げることとなった。

和田浦の駅まで戻ったところで、もうひとつ見ておきたいものがあった。それはシロナガスクジラの全身骨格標本の野外展示だ。この標本、駅に着いたときにホームからも見えていたのだが、改札口とは反対側だったため、帰路にとっておいたのだ。

ご存じシロナガスクジラといえば30メートル近くまで成長する、哺乳類としては最大の動物だ。眼前にあるその骨格標本も全長26メートルとあってさすがにでかい。レプリカではあるものの、オリジナルは19世紀末にノルウェーで実際に捕獲されたものだそうだ。近年、日本近海でもホエールウォッチングを経験できる機会は増えてきたが、さすがにシロナガスクジラを見ることができるという話はあまり聞いたことがない。

そもそもここになぜクジラの骨格標本が展示されているのか。それは和田の人々が古くから捕鯨を生業として生きてきたからにほかならない。その歴史は江戸時代に組織さ

花嫁街道のカヤ場には高木も少なく見晴らし良好。濃い緑の向こうには太平洋が広い。烏場山の山頂まではもう少しの距離だ

烏場山の山頂には立派な道標が立てられていた。海抜266メートル。ここから登山道は「花婿コース」と名を変えて、再び海を目指して下っていく

れた鯨組に由来するとされているが、鎌倉時代に製作された釣り用の擬餌針《ぎじばり》にクジラの骨が用いられたり、大きな魚から油を搾っていたという記録があったりするそうなので、捕鯨自体はすでにそのころから行われていたようだ。

とくに和田で捕鯨対象としてきたツチクジラはIWC（国際捕鯨委員会）の管轄外だったため、調査捕鯨以外が認められなかった時代にも細々ながら商業捕鯨が続けられてきて今日に至るという。

捕鯨は現在も続けられている。漁期は毎年7、8月にかけてとのことで、その時期に訪れれば和田漁港にある捕鯨基地で行われる解体作業も見学できるらしい。といってもあくまでもクジラが捕れるのが前提で、さらに生ものだけあって捕れたらすぐに解体作業が行われるとのことで、なかなかそのタイミングが難しそうだ。近年は温暖化の影響か不漁が続いているという話も聞く。

骨格標本の並びにある道の駅に、鯨料理を出す食堂が併設されていたので、そこに入ってくじら丼を注文する。やがて運ばれてきた丼にはクジラの刺身、クジラの竜田揚げ、そして鯨カツが並べられておりなかなか豪華。とくに僕らの世代にとっては竜田揚げは学校給食の人気メニューだった。

中学生のときに買ったテニスラケットに張ったガットはたしか鯨筋だった。釣り具屋に行けばクジラのヒゲ?を用いた竿の穂先もあったはず。あのころはことほどさように、

和田浦駅のほど近くにある、道の駅の並びに展示されていたシロナガスクジラの全身骨格標本。和田は今も現役の捕鯨基地だ

道の駅「和田浦ＷＡ・Ｏ！」ではくじら丼をいただく。ほかにもくじらカツカレーやくじら給食など、クジラを使ったメニューが豊富だ

日常生活のなかでクジラと接する機会があった。

そしてもうひとつ。思いが向かったのは今日歩いてきた花嫁街道とクジラの関係。山中の集落からなにかの用事で浜へやってきた人は、時としてクジラの収獲に遭遇することもあったのではないか。そうだとしたら、そのクジラを持って集落に持ち帰ることだってあったかもしれない。だとすれば福井県の小浜《おばま》から京都へサバを運んだ鯖街道よろしく、花嫁街道も鯨街道とも呼べるのではないか。もちろん鯖街道にくらべればその距離はずいぶんと短いけれど……。

テーブルに運ばれてきた鯨料理を食べながら、そんな妄想が膨らんでいった。

甲州街道《こうしゅうかいどう》と犬目宿《いぬめじゅく》

神奈川県・山梨県

東京で「甲州街道」と聞くと、まず思い浮かぶのが新宿駅南口前を通っている国道20号線だ。日本橋から西へ延び、新宿御苑の地下を抜けて甲府、諏訪へと至るあの道。

もともとの甲州街道は、江戸城に一大事が及んだときに徳川家康を無事に本拠の駿府《すんぷ》（静岡）へ脱出させることを目的として開発されたらしい。そのため途中の内藤新宿には「百人組鉄砲隊」が、八王子には「八王子千人同心」が常駐していたともいう。

この道は当初は甲州海道と呼ばれていたが、甲州道中、甲州街道と時代によってさまざまな呼びかたをされてきた。戊辰戦争時に江戸に攻め上ってきた新政府軍は、幕府が定めた名前を嫌い、江戸幕府成立以前に関東へ至る道だった「東山道」という名前で呼んだのだとか。

いずれにしても、現在甲州街道と通称される国道20号線は、明治以降に少しずつ整備されてきた自動車の往来を想定した新しい道だ。その道ですら、近年バイパス工事やトンネル開通によって「旧道」と呼ばれている部分も少なくなく、また中央自動車道の開

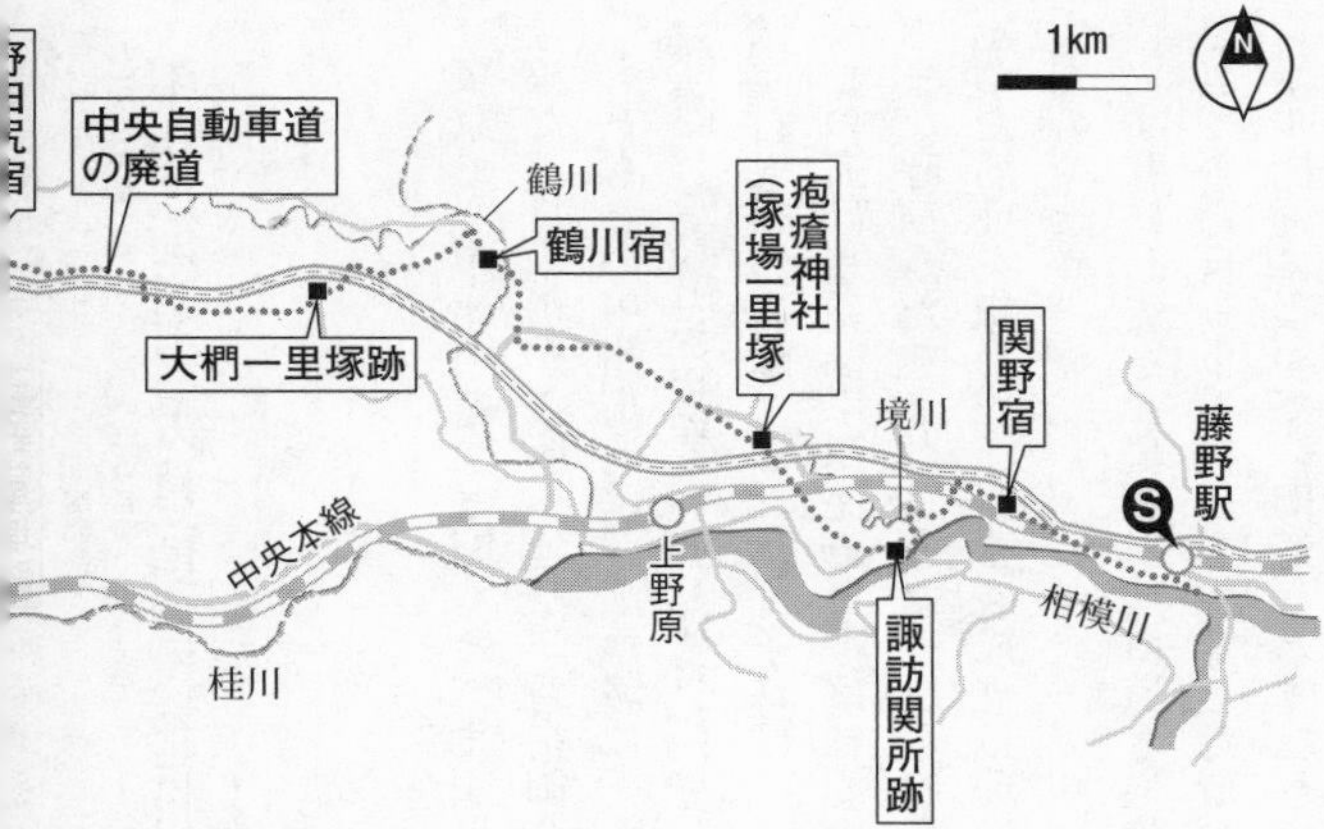

通によっても往年の道筋は寸断されてしまった。

そんななか、少しでも当時の面影を残す道を、いわゆる甲州古道を辿ってみたいと思い、パズルの断片をつなぐようにして一日歩いてみることにした。

起点としたのはＪＲ中央本線の藤野駅。ここには線路と並走するように国道20号線が通り、そのさらに南側に甲州古道の道筋が残っている。駅舎を出て国道を渡るとすぐその先で階段道が南へ下っており、その入口には「甲州古道」と書かれた案内図が掲げられている。

階段を下ってからしばらくは両脇に住宅が並ぶ。自動車一台往来するのがやっとの細い道だ。庭先で作業をしていたおばちゃんがいたので、挨拶しつつこの道

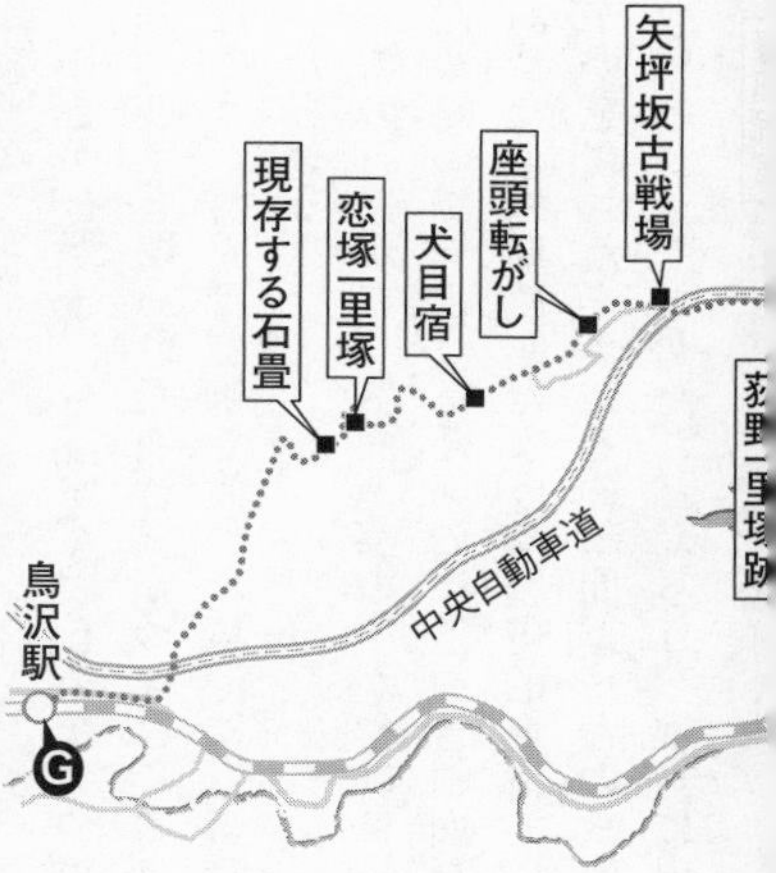

がかっての甲州街道だったのか尋ねると、「いやだ、甲州街道は上の道よ」と国道20号線を指差す。地元の人にとっては、わが家の目の前の細道が古道だという意識はあまりないようだ。

「でも大丈夫。このまま行けば先で甲州街道に合流するから」のことばに微妙な笑顔を返しつつ先へ進むと、家並みが途切れたところでそれまでの舗装路が急に土道に変わる。道端には樹木が覆い茂り、わずかな土地を耕した畑では老人が農作業中だ。そしてその傍らには「関野《せきの》」の標柱。往年の甲州街道関野宿はこのあたりから始まっていたようだ。

道は跨線橋《こせんきょう》で中央本線を渡り、国道20号線へ出る。関野宿の本陣や旅籠《はたご》はこの付近にあったという。現在は自動車が勢いよく走り抜けるばかりで、残念ながらそれを感じさせるものはない。

少し先で、道は反対側から延びてきた細道につながっていく。おそらく今日はこの先もこうして現在の甲州街道、かつての甲州古道をつなぐようにして歩くのだろう。

国道に出て、再び国道からそれた古道を辿っていき境沢という沢を橋で渡る。この沢が昔も今も相模国《さがみのくに》と甲斐国《かいのくに》の国境にあたり、ここで神奈川県相模原市から山梨県上野原市に入る。橋の上から下流を望めばそこは相模湖の末端部。ここから上流で相模川は桂川《かつらがわ》と名前を変える。

上野原市に入ると、道はのたうつようにカーブを続けながら上っていく。そうであった。上野原はその名の通り、桂川の河岸段丘の上で発展した町だ。当然そこへは上り坂が続くのだ。

汗をかきかき、もうすぐ段丘を登りつめるというところで路傍に立っていたのが「諏訪関跡」と彫られた石標。かつてはここに関所が設けられ、通行の取り締まりをしていたそうだ。先ほど橋で渡った境沢にも当時は渡し船が往来しており、その管理も担っていたという。

この石標が立つ斜面上部の空がやけに抜けていて、いかにもなにかありそうな雰囲気だったので、よせばいいのに道なき斜面を枯葉に滑りながら登ってみる。するとそこにあったのは期待したような歴史的遺構ではなく、自動車教習所の練習コースだった。僕が姿を現したまさにその瞬間、一台の教習車が目の前を通過。僕も驚いたが、教習生はもっとびっくりしたことだろう。本当に申しわけなかった。

ところどころに残る甲州古道の道筋。そんな道を探しながら西へと向かって歩く。途中には当時の宿場や一里塚の名残も散見される

ここからは上野原の市街地に入っていく。道沿いに建っていた疱瘡神社《ほうそうじんじゃ》は、その名の通り疱瘡（天然痘）に御利益がある神社だそうで、天然痘が根絶された今日にあっても地元の信仰は篤いようだ。そしてこの神社の裏手には、塚場一里塚と呼ばれる塚の遺構が残っていた。江戸から数えて17番目の一里塚だそうで、つまり江戸日本橋からの距離は約70キロといったところか。

上野原は宿場として賑わっただけではなく、明治以降は養蚕《ようさん》でもおおいに栄えたそうで、そんな面影は町並みにも散見されるが、そのいっぽう、以前映画館だった建物が半ば朽ちるような状態で残っていたり、ボーリング場が今まさに解体されようとしている光景を目の当たりにするのがつらい。

上野原の町を抜けると道は河岸段丘の末端を急降下していく。その直下には鶴川《つるかわ》が流れ、それを渡ったところにあるのが鶴川宿だ。

道沿いの家々はあらかた建て替えられてしまっているが、それでもどことなくかつての面影を漂わせている。鶴川の手前で国道がそれてしまい、自動車の往来が少なく静かなのも一因かもしれない。この宿場の規模はそれほど大きなものではなかったが、大雨が続いて鶴川の川留めが宣言されると、動きの取れなくなった旅人たちの滞在で繁盛したという。

鶴川宿を抜けたところで古道は県道からも外れ、細く曲がりくねった道を再び登り返すと、その先に横たわっていたのは中央自動車道だった。片側三車線の道路を自動車がビュンビュンと飛ばす上空を跨道橋で渡って南側へ。東京から山梨方面へ中央自動車道で向かうときには車窓からよく見る光景で、「どんな人がこの橋を渡っているんだろう」とぼんやり思ったりもしていたが、今日は自分がその立場。そしてよもや甲州古道が高速道路を渡っていようとは思わなかった。

渡った先は大椚《おおくぬぎ》という集落で、以前は一里塚があったそうだが、現在は解説板が残るのみだ。そして集落を歩いていると、道の右も左も急斜面になっており、まるで尾根上に道を通したかのような地形だ。しかしここは間《あい》の宿《しゅく》、つまり宿場間の休憩用の町とし

上野原に現在も残るかつての映画館・大正館。その名の通り1924（大正13）年に開館とのこと。国の登録有形文化財にも指定されている

鶴川宿から南西へと進路を変えた甲州古道は、やがて跨道橋で中央自動車道を渡った。そこからしばらくは中央道に沿うように高台を歩く

ても利用されていたという。こんな地形で水には不自由しなかったのだろうか。

そういえば先ほど抜けてきた上野原も、河岸段丘上という地形から水には難儀、稲作もままならなかったようだ。その解消のために1919（大正8）年、難工事の末に鶴川と桂川を結ぶ上野原用水を開通させており、清冽な水が勢いよく流れていく様は、この日歩いてきた街道沿いからでもうかがうことができた。

ここから甲州古道は中央自動車道の南側を沿うように延びているが、途中で北側へのアンダーパスがあり、これを抜ける。実はこの先には「廃道になった高速道路」という、なかなか珍しい物件があるのだ。

高速の反対側へ出てそのまま道に沿って歩いていく。金網越しの左手には自動車が高速で通過しているが、その車道と金網の間に、まったく往来のない広い道路が並走して続いている。

これが廃道となったかつての中央自動車道だ。渋滞解消のために、それまで片側二車線だった道をまるまる新たな三車線につけ替えたことでこの廃道は誕生？したらしい。

よく見ると自分が今歩いている道の脇にも、「長い下り坂　速度注意」という一般道ではまず見かけない巨大な看板がそのまま残されている。つまりここも高速道路の一部だったのか。高速走行中の自動車にはわかりづらい「長い下り坂」らしいが、歩いていてもそこが坂道だとはあまり認識できなかった。

歩いている道の脇には、一般道ではあまり目にすることのない「長い下り坂 速度注意」の看板が。つまりこの道は、かつては高速道路だったのか

いずれにしても高速道路の廃道、そして廃道とはいえ高速道路を歩くのはなかなか貴重な経験だ。

500メートルほどそんな高速廃道を歩いたところで道は再び古道と合流し、野田尻宿《のだじり》へと入る。先ほどの鶴川宿同様に当時の面影をそこはかとなく残しているほか、旅籠で働いていた女中が水不足に悩む人々のために（ここもか！）、この地に湧き水を現出させた「お玉ヶ井」の伝説なども残る。

もっとも、中央自動車道を利用する多くの人は、野田尻宿のすぐ近くで休憩をしたことがあるはずだ。なぜなら野田尻宿から中央道をはさんだ反対側には談合《だんごう》坂《ざか》SAが位置しているのだから。

ここからは再び中央道の反対側に出て、

しばらくするとまた北側へと、行ったり来たりを繰り返す。このあたりは甲州古道と中央自動車道がからみ合うように続いているようで、途中に残る荻野一里塚と呼ばれる塚が、自分が道を見失っていないことの紛れもない証拠だった。

中央道北側の矢坪《やつぼ》集落からは、古道は山腹を伝う本格的な山道となる。この一帯は1530（享禄《きょうろく》3）年に、甲斐国の小山田信有《おやまだのぶあり》と相模国の北条氏綱《ほうじょううじつな》の間で起こった矢坪坂の戦いの古戦場跡だ。また目が不自由だった座頭が落ちて死んだとされる「座頭転がし」と呼ばれる剣呑な道筋も残っている。実際、ここは甲州古道の難所のひとつだったそうで、それなりに注意は必要だ。

そんな道もやがて小さな集落を抜けて県道と合流すれば、犬目宿はもうすぐだ。犬目宿は野田尻宿に続く21番目の宿場町。標高500メートルを超える山腹に成立したこの宿場からは、南側の展望が抜群だ。道志の山々が一望でき、その先には富士山もそびえている。実際、葛飾北斎はここから富士を望んだ浮世絵『甲州犬目峠』を富嶽三十六景のひとつに残している。

でもそれ以上に僕がこの地に興味を持ったのは、ここが「犬目の兵助」の故郷だということ。犬目の兵助とは、江戸天保《てんぽう》年間の飢饉《ききん》から始まった甲斐天保一揆の主導者とされる人物だ。

一揆が鎮圧された後、彼は長い逃亡生活に入る。あの時代、一般人が比較的自由に旅

静かな雰囲気を残す現在の犬目宿。宿場の通りはおよそ300メートルにわたって続き、宿場の東には犬目の兵助の墓も建っている

をできたのは巡礼だった。そのため彼も巡礼者となってまずは秩父《ちちぶ》へ向かい、三十四所の札所を巡る。そこからは榛名山《はるなさん》を詣でたのちに、善光寺参りへと北上。続いて西へ向かって、西国三十三所観音霊場、四国八十八所札所までも巡礼し、その後は伊勢詣でへ。

やがて江戸に戻った彼はしばし木更津《きさらづ》に滞在したのち、故郷の犬目へと戻った。時はすでに幕末。兵助は最後まで逃げきって、犬目で生涯を終えたそうだ。兵助が犬目を出奔してから数十年の年月が経っていた。

逃亡が目的だったとはいえ、この時代にそれだけの旅を続けたというのは、旅好きとしては敬意を表さないわけにはいかない。そして、ただ逃亡のためだけにこれだけ旅を続けられたのかという点にもちょっと疑問は残る。もしかしたら、兵助はそんな長旅をどこか楽しんでいたのかもしれない。

兵助の墓は現在も犬目に建っており、生家の跡には解説板も据えられている。そんな彼の名残に挨拶を交わしながら犬目宿をあとに。犬目宿から次の下鳥沢《しもとりさわ》宿へ向かっての道中には、当時の石畳の道もわずかながら残っている。そんな道を踏みしめつつ下鳥沢へ。そこには中央本線の鳥沢駅がある。日も西へ傾いてきた。街道沿いの先にシルエットとなって見えるのは滝子山《たきごやま》かな。一日の旅の区切りとしては、このあたりがちょうどいい潮時だろう。

東海道《とうかいどう》と薩埵峠《さったとうげ》

静岡県

今も昔も、五街道のなかで最も馴染み深い道といえば東海道だろう。西国の大名たちが参勤交代で江戸との往復に利用したのはもちろん、伊勢詣でへ向かう江戸の庶民たちも、伊勢の手前で伊勢街道と分岐するまでは東海道を歩いていった。

その様子は十返舎一九の滑稽本『東海道中膝栗毛』にもいきいきと描かれているし、歌川広重の浮世絵『東海道五十三次』も各宿場ごとの景観を描いて人気を博した。『東海道中膝栗毛』はフィクションとはいえいわゆる旅行記、『東海道五十三次』は現在の写真集にあたるだろうか。いずれにしても、多くの人がこういったものから旅心をそそられたに違いない。

現在でも物流の大動脈であるがゆえに、その多くには開発の手が入ってしまっているが、それでも探してみればまだまだ昔の面影を残しているところも見つかるものだ。

とくに峠はその地形的不便さから、あまり手をつけられていないことが多い。箱根峠しかり、鈴鹿峠《すずかとうげ》しかり。そんな東海道中に立ちはだかった峠のひとつ、薩埵峠を越えてみることにした。

薩埵峠が位置するのは現在の静岡県静岡市。宿場でいうと由比《ゆい》と興津《おきつ》の間にそびえている峠だ。『東海道五十三次』の由井（由比）を見てみても、そこには急峻な崖をへつるようにしてこの峠を越えている旅人の姿が描かれている。

さすがに今日ではこれほどのことはないだろうと思いつつも、内心ちょっとドキドキしながらの旅立ちである。

JR東海道本線を清水駅で下車。駅前から歩き始めるとすぐに現在の国道1号線が南北に抜けているが、これを横断してその先にある細い道へ。こちらが当時の東海道だ。二車線の舗装路ながら、この筋用事がないかぎり自動車の多くは国道1号線を利用するのだろう、静かな町並みが続いている。この界隈は、当時は江尻《えじり》と呼ばれていた宿場だった。道沿いの家の多くは建て替えられているが、それでも昔ながらの格子戸を残した家もいくつか残っている。

静かな道はやがて国道1号線と合流するが、その分岐点には一本の松が植えられている。ここにはかつて、「ほそいの松原」と呼ばれる松並木が連なっていたそうだ。茶店もあって旅人で賑わっていたらしいが、その松原も太平洋戦争時に航空機用燃料の原料（！）としてすべて伐採されてしまったとか。マツから航空機用燃料か……。

ちなみにその作業時には、地中から人骨が大量に発掘されるという事件もあったそう

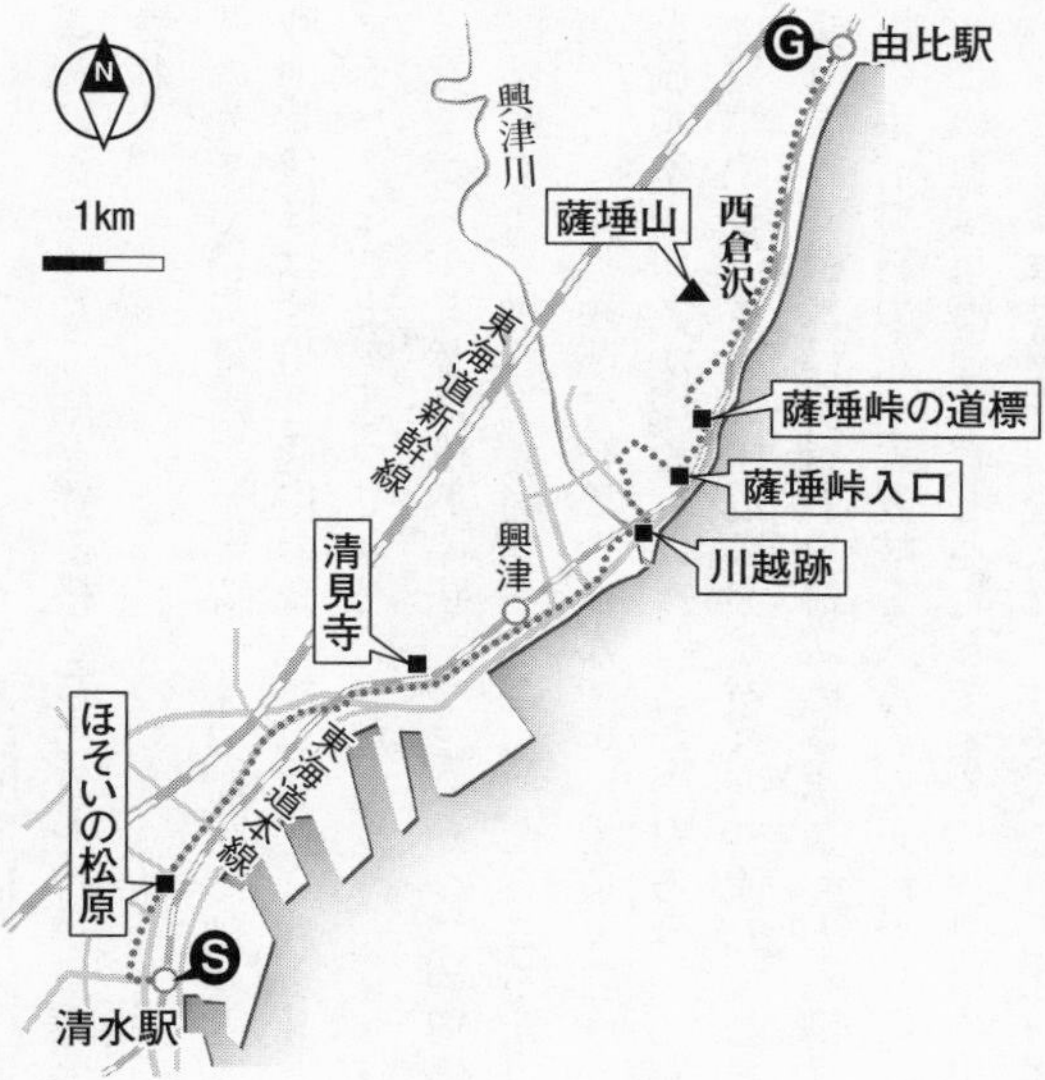

で、それはどうやら道中で斃《たお》れた旅人を弔った痕跡らしい。そんな彼らを供養するためか、現在は「無縁さんの碑」と刻まれた石碑も建てられている。

国道沿いを歩くと、道は陸橋で東海道本線を越えている。いくらなんでもかつての街道に陸橋はなかろうと周囲をキョロキョロしてみれば、手前から踏切で線路を渡る細い道を発見。道の規模もそれっぽい。

沿道で掃除をしていた女性に尋ねてみれば、案の定こっちが本来の東海道だそうだ。顔なじみのご近所さんたちがお互いに飾らない暮らしをしている様子がうかがえて、なんだか当時もかくやといった雰囲気だ。

線路を越えてしばらく行くと再び国道に合流。道筋はいかにも現代的だが、ところどころにかろうじて生き残る格子戸の家や、一里塚の跡などその頃を匂わせるものが散見される。

なかでも清見寺というお寺は奈良時代の創建とされ、平安時代には関所が置かれたり、戦国時代には徳川と武田の戦いに巻き込まれたりと、この場所ならではのなかなかドラマチックな歴史を辿ってきたそうだ。

そこから少し歩けば興津駅。つまりかつての興津宿があった界隈だ。江尻宿からの距離はわずか一里一丁。約4キロといったところか。宿場間の距離としてはずいぶん近いが、こんな近距離に宿場が並んでいても成り立ったというのは、やはりそれだけ東海道を旅する人が多かったということなのだろう。

興津駅を過ぎると国道はバイパスと合流してしまい、歩くのに適した道ではなくなってしまう。道標は歩行者を海辺の遊歩道へと誘導するが、東海道筋を歩くのなら、興津川の手前で斜め左への分岐を入るのが正解だ。

この道は東海道本線と並走してすぐに興津川の川岸に出る。川岸に出るのだが橋がない。でもこれは道を間違えたわけでもない。江戸時代もここには橋はなく、川越人足を利用して川を渡っていたそうだ。

現在の清水駅界隈はかつては江尻宿と呼ばれる宿場だった。国道１号線と並走するように続く当時の道筋には、歴史を感じさせる家も残っている

東海道は興津川で寸断されていた。当時は川越人足を使ってこの川を渡っていたという。ここは下流に架かる橋で迂回する

さすがに現代に川越人足は存在しないが、少し下流へ向かうと元国道1号線だった旧道が今も残っているので、これを渡って対岸へ。ちなみに並走する東海道本線の興津川橋梁も、レンガ積みでずいぶん古いものだ。

対岸には小さな丘があり、かつての東海道はこの丘をぐるりと時計まわりに迂回するように延びていたようだ。そしてその丘の反対側に出たところが薩埵峠への登り口だった。

薩埵峠を越える道は、下道、中道、上道という三つのルートがあったらしい。そのうちの下道が一番昔から存在していたもので、峠を避けて海際を行く道だった。ただし潮の満ち引きや波の加減を確認しながら、崖下の岩礁を飛び飛びで渡っていくような道だったそうで、まさに難路。たとえ親子であっても自分のことしか気にかけられないことから、「親不知子不知」なんていう呼ばれかたもしたそうだ。

しかし1655(明暦《めいれき》元)年、朝鮮からやってきた通信使が江戸に向かう際に、もう少し安全な道をとのことで新たな道を開拓、これが中道となった。しかしこれとて悪路であることにはさほど変わらず、30年後に再び朝鮮通信使が訪れるにあたって、さらに安全な道をと内陸側に開拓されたのが上道らしい。

これから登る道はどうやらこのうちの中道のようだ。墓地を抜けて山中へと続く道は、今日でいうところの完全な登山道だ。それまで海沿いの平坦な道だったところにいきなりの登りがきついが、薩埵峠の標高自体はせいぜい100メートルといったところか。汗をふきふき樹林のトンネルの奥に見える日差しを目指して歩いていけば、「薩埵峠」と書かれた標柱が立っていた。

標柱の足元に立って北東の方角に目を向ければ、そこにはまさに広重の浮世絵を思わせる風景が。左手には薩埵峠の急峻な崖、眼下には駿河湾《するがわん》の田子《たご》の浦《うら》。そして一番奥には富士の高嶺がそびえている。

初夏とあって富士山はほとんど雪をかぶっていないが、そのぶん全体が黒々としたシルエットになっていて、それはそれでなんだか迫力がある。

そしていつも関東平野側から見上げているときには気づかなかったが、こちらから眺めると富士山山頂のさらに山頂、いわゆる剣ヶ峰《けんがみね》と呼ばれる最も標高の高い突起部がくっきりと際立っている。どこから眺めるかで山の姿も変化する。

ちなみに薩埵峠という、読むのも書くのも大変、とくに「埵」の字はパソコンで出すのもひと苦労なのだが、この地名の由来は、鎌倉時代、漁師の漁網に地蔵菩薩（地蔵薩埵）がかかってきて、それを引き上げて山中に祀ったことに由来するようだ。

峠からは僕も広重さんにあやかって何度もカメラのシャッターを切り、そこからはさらに先にある展望台を目指す。目指すはずだったのだが、なんとその道は途中で立入禁止の規制線に遮られているではないか。

どうやら近年の台風の影響で、道の一部が崩落してしまっているらしい。江戸時代同様、現代に至るも難路であることに変わりはない薩埵峠、ということか。

やむなく指示された迂回路を辿って西側へ下り、そこから北上して由比を目指す。この迂回路が合流した道がひょっとすると上道にあたるルートなのか。

標高を徐々に下げていって、視線がそれまで見下ろしていた東名高速道路や東海道本線とほぼ水平になると、そこが西倉沢の集落だ。厳しい峠直下の集落だけあってここは間の宿として茶屋が並び、峠を目指すひと、下ってきたひとをもてなしたらしい。

この集落は、そんな雰囲気を今も感じさせてくれる。自動車の往来は並走する国道が引き継いでいるせいか、集落を抜ける通りには穏やかな時間が流れている。当時のままと思しき住宅も点在しており、そこにはかつて大名をもてなす茶屋があったことを教えてくれる解説板も立っている。

なかでも「望嶽亭　藤屋」と呼ばれる家は、幕末の歴史に大きな役割を果たしたことで知られている。江戸無血開城交渉のために駿府《すんぷ》にいた西郷隆盛のもとへ向かった山岡鉄舟だったが、薩埵峠を前に官軍により発見されたところを危うく脱出へと導いたのがこの店の主だったという。

ここまで来ればゴールの由比駅は近い。途中、西倉沢同様に当時の雰囲気を残す東倉沢、寺尾といった街道沿いの集落を抜けていけば、由比駅はその先だ。

薩埵峠から北東の方角を望めば、そこには秀麗な富士山の姿が。海沿いには東名高速道路に東海道本線と、現代の大動脈が延びている

由比といえばサクラエビやシラスで知られた町。中途半端な時間帯ではあるけれども、どこか揚げたてのサクラエビでも食べさせてくれる店は開いてないものか。いや生シラス丼も悪くないぞ。

振り返れば、薩埵峠を擁する薩埵山の端正な山容がシルエットとなって映えていた。

浜街道《はまかいどう》。絹《きぬ》の道《みち》の栄枯盛衰

――東京都

秩父《ちちぶ》や奥多摩の里山を歩いていると、今でも桑畑を見かけることがある。農家のかたと言葉を交わしてみれば、「以前は養蚕《ようさん》をやってて、上の階では蚕《かいこ》を飼ってたから……」といった昔話も聞かせてくれる。この地域ではかつて養蚕が盛んに行われていたのだ。そんな養蚕家たちが生産した生糸《きいと》の集積地となったのが八王子だ。八王子自体も生産地ではあったが、秩父や上州、甲州からもこの地へ生糸が運ばれており、八王子は「桑都」の異称でも呼ばれたそうだ。

八王子がさらに発展を遂げたのは、幕末から明治にかけてのこと。明治維新も近い1859（安政6）年に横浜が開港。品質のよい日本の生糸に注目して、多くの外国人が八王子を訪れたのがきっかけのひとつとなった。

そのころ日本を訪れた外国人には、「外国人遊歩規定」という移動制限があり、それは横浜から40キロまでだったそうだ。そしてそのギリギリの距離に八王子が位置していたのも大きかったようだ。

こうして八王子の生糸が外国人に注目されるようになり、いっぽうの八王子の商人たちも、高値で買い取ってくれる横浜の外国人へ積極的に販売網を広げたことから、八王子と横浜間には生糸を中心とした交易路が発展していった。

後年、「絹の道」とも呼ばれるようにもなったこの道は、当時は浜街道と呼ばれ、1908（明治41）年に並走するように横浜鉄道、現在のJR横浜線が開通するまで大いに賑わったそうだ。

現在、その道の大部分は町田街道をはじめとする近年の道に吸収されてしまったが、往年の名残もわずかながら残っているらしい。そんな歴史の風景を探しながら、八王子を起点に浜街道のほぼ中間地点にあたる町田までを歩いてみた。

JR八王子駅から北西に少し歩けば甲州街道と浜街道、現在でいうところの国道20号線と16号線の交差点につきあたる。八日町《ようかまち》と呼ばれる一画で、もともとはここで毎月8日に市が立ったことに由来する地名らしい。そしてなんで8日なのかといえば、それはやはり八王子という地名にちなんでとのこと。

今日では多くの自動車が往来する国道だけに、町並みは近代的に変貌してはいるが、それでも立ち並ぶビルの隙間には昔ながらの店構えを残した商店も営業を続けている。

国道16号線を南下して山田川を渡った先で、細い道が「く」の字状に国道から離れてはすぐに合流しているが、これがかつての浜街道の道筋だ。もともとの浜街道は蛇行し

浜街道起点
S
中央線
八王子駅
N
八王子医療刑務所
京王片倉
1km
片倉
慈眼寺
道了堂跡
鑓水
絹の道資料館
小泉家屋敷
橋本
断続的にかつての道筋が残る
横浜線
木曽一里塚
G
町田駅

ていたものを、国道整備にあたって直線化させたときに取り残されたのだろう。沿道は静かな住宅街になっている。

国道に戻ってすぐに、今度は左手にコンクリート打ちっぱなしのやけに背の高い塀が現れる。ちょっと異様な雰囲気だが、これは八王子医療刑務所の外壁だ。壁際のところどころに「巡回用」と書かれたボタンが設置されているのが、なんだかリアル。

やがて京王線の線路を京王片倉駅でくぐった先で、斜めに分かれる細い道が分岐しているのでこちらへ入る。国道16号線とはお別れだ。

JRの片倉駅を越えたところで慈眼寺《じげんじ》というお寺が現れるが、このお寺の入口には古い石の道標が残されていた。おそらく当時のものだろう。これまで歩いてきた方向には「子安村」と刻まれている。現在の八王子市子安町のことか。そしてこれから進むべき方角には「ヤリ水村」の文字が。現在もその地名を残す鑓水だ。

鑓水はもともとは小さな村にすぎなかったが、浜街道上に位置する地理的好条件から生糸の仲買地として急激に発展。ここの商人たちは「鑓水商人」と呼ばれ、生糸を売るだけでなく、横浜からさまざまな西欧文化も持ち帰ってきたという。ここからはその鑓水を目指して歩く。

道は住宅街のなかを緩やかに登っていく。一見、宅地開発に伴って造成された新しい道だが、道筋自体は当時の浜街道にかなり忠実だ。もちろん道はきっちり舗装されてはいるのだが、現在の地形図と1906（明治39）年のそれを見くらべてみたところ、道筋自体は大きな変化なしにトレースできることがわかり、これはちょっとうれしかった。

途中、八王子バイパスを渡るとそれまで遠くに見えていた丘陵が間近に迫ってくる。これを越えれば鑓水だ。150段に及ぶ階段で丘を登りつめると、その先に立っていたのは「絹の道」と書かれた真新しい道標。ここからしばらくが、この旅の核心部といえるかもしれない。単に道筋だけでなく、道の様子も当時の姿を色濃く残しているようだ。八王子市指定史跡になっているほか、1996（平成8）年には文化庁から『歴史の道百選』にも選定されている。

登ってきた階段を振り返ると、背後には八王子近辺が一望だ。もともとこのあたりは多摩丘陵の一部。適度にアップダウンが続くのが本来の地形なのだ。

道標から先、道は土道の状態で丘を抜けていく。道沿いに並ぶ大きな樹木はその頃からのものか。やがて丘の上へと続く小径が分岐していたので、それを登ってみたところ現れたのがかつての鑓水峠、道了堂跡《どうりょうどうあと》だった。

道了堂は鑓水商人が浜街道を歩く旅人の安全を祈願して建てた御堂で、浅草花川戸《はなかわど》から道了尊を勧請して祀ったものだそうだ。現在は礎石が残るのみだが、当時の様子を描いた絵図を見るかぎりではずいぶん立派な建物が建ち並んでおり、単なる参拝の場というだけでなく遊興施設としての側面もあったようだ。これも鑓水商人たちの財力があってこそだったのだろう。

道了堂跡の南側には今もしっかりとした石階段が残っており、今度はそこを下って浜街道に復帰。道は相変わらず昔ながらの風情を残している。鑓水峠の北側が直前まで大規模な住宅街に変貌していたことを考えると、南側はよくぞ今もこの雰囲気を残したままでいられたものだ。

南東へと続く丘の上の道をしばし辿っていくと、やがて谷沿いから延びてきた車道と合流。その少し先には「絹の道資料館」が開館していた。ここは鑓水をはじめ八王子の生糸の歴史と浜街道に関する展示施設で、建物が建っている場所は鑓水商人・八木下要右衛門の屋敷跡だそうだ。修復されたという総延長53メートルに及ぶ石垣が繁栄ぶりを物語る。

資料館を過ぎると、道路をはさんだ向かい側には農村風景が広がっていた。丘陵地帯ならではの谷戸地形だ。もともとの鑓水はこんな様子だったのだろう。そこに降って湧いたような空前の生糸景気。人々の生活の激変ぶりは、バブル景気に踊った現代人の比ではなかったのではないか。

谷戸に沿って下っていくと大栗川《おおぐりがわ》を渡る。川端にはすでに文字の判読も難しくなった古い道標が残されている。解説板によればこの道標が建てられたのは1865（慶応《けいおう》元）年とのこと。やはり浜街道を往来する人々の便宜を図ったものらしい。

しばらく八王子の住宅街を抜けてきた道は、150段にも及ぶこの階段を登ると急にいにしえの趣が漂う道となって鑓水へと続く

浜街道のなかで唯一、当時の様子を残しているといわれる道筋。枯葉でわかりづらいが、路面には石が敷かれている

そして大栗川を渡った先に建っていたのは、なんとも重厚な昔ながらの茅葺き屋根民家。小泉家屋敷と呼ばれるこの家は1878（明治11）年に建てられたもので、この地方の典型的な建築様式を今に伝え、東京都指定の有形民俗文化財にも指定されている。

そしてなによりびっくりするのは、この家には当家のかたが今も暮らしているということ。ただでさえ数十年に一度は葺《ふ》き替えが必要になる茅葺き屋根は、室内で囲炉裏を常用しなくなるとその寿命はさらに短くなってしまうと聞く。現役の住居ゆえ内部は非公開だが、いずれにしても維持は並大抵のことではないはずだ。

ここから先は再び大規模な住宅街を抜けていく。緩やかな坂道を登りつめるとそこからは町田市。八王子と町田の市境で、かつては小山峠と呼ばれる峠だったらしい。西側に広がる小山内裏公園へ少し入ったところには三角点も設置されているそうだ。

この峠を越えると、浜街道は現在の町田街道に吸収されてしまうのだが、その周囲には浜街道の道筋も断続的に残っているので、そんな古道を丹念に拾いながら町田駅を目指す。

自動車の往来が激しく、ややもすると渋滞気味の町田街道にくらべると、脇を並走する道は静かなものだ。沿道には住宅が並ぶが、そんななかにときどき大きな農家が交じっていたりするので、昔は一面が畑だったのかもしれない。古い地形図で確認してみれば、周囲には桑畑を示す地図記号がずらりと並んでいる。

現在も現役の住居として使用されている小泉家屋敷。主屋だけでなく納屋や堆肥小屋なども現存しているそうで、当時の様子を今に伝える

そういえば、小学校の社会科の授業で地図記号を習ったとき、真っ先に教えられたのが桑畑の記号ではなかったか。当時はなんで桑畑なんて馴染みのないものを教えられるのか不思議だったが、今なら納得だ。僕が生まれるより昔の東京近郊では、桑畑はきわめて一般的なものだったのだろう。

住宅地の小さな辻には古い石碑や石灯籠が建ち、かすれた文字のなかにかろうじて「文政《ぶんせい》」の年号が読めた。

町田駅まであと1時間ほどまで来たところで、「木曽」という地名が現れた。長野県の木曽以外の場所にこの地名があるのは珍しいなと思って、たまたま出会った地元のおじさんに尋ねてみたところ、どうやら木曽義仲に縁のある場所らしい

小田急町田駅の東口広場には「絹乃道」の碑が建てられていた。これは昭和の時代のものだが、「此方 よこはま」の文字に次なる旅心がそそられる

とのこと。

　道から少し外れたところに残っていた一里塚跡に足を向けてみれば、「一里塚」と彫られた立派な石碑とともに奥には石祠が。そこに祀られていたのは大口真神《おおくちのまかみ》。奥多摩の武蔵御嶽神社《むさしみたけじんじゃ》に祀られている狼の神様だ。

　大口真神はシカやイノシシから畑の作物を守ってくれる存在として、今日に至るまで関東の農民から信仰を受けている。現在はすっかり住宅地になってしまったこの近辺も、当時はそんな害獣が心配になる農村だったということか。ちなみにこの一里塚は浜街道のそれではなく、駿府で死去した徳川家康を日光東照宮に改葬するために整備された「御尊櫃御成道」のものだそうだ。

　やがて浜街道は自動車の往来が多い都道と合流し、そのまま町田駅へ至る。駅前に立ってみると、そこには「絹乃道」と書かれた大きな道標が設置されており、自分が歩いてきた方角には「此方はちおうじ」、そして反対側には「此方よこはま」の文字が彫られていた。また日をあらためてここから先、横浜までの続きを歩くこともあるかもしれない。

八《やつ》ヶ岳《が》山麓《たけさんろく》の信玄棒道《しんげんぼうみち》

山梨県

八ヶ岳は山梨県から長野県にかけて延びる連峰だ。首都圏からもほど近いとあって、季節を問わず登山者で賑わい、山麓には高原が広がることから観光地や別荘地としても知られている。

この八ヶ岳の南から西へかけての山麓に、かつて甲斐《かい》の武田信玄が軍用道路を造成したといわれている。戦国時代、武田氏は諏訪地方の武将と戦を繰り返し、諏訪盆地を平定したあとは信濃《しなの》を北上。上杉謙信と何度も相まみえたことで知られる「川中島の戦い」の舞台は、現在の長野市にあたる。

これだけ戦線が拡大すると、戦地への迅速な兵や物資の搬送は最重要課題だったはずで、そのために造ったのがこの「棒道」と呼ばれる軍用道路だったらしい。棒道という ちょっと変わったネーミングは、道が八ヶ岳の麓をまっすぐ棒のように延びていたことが理由だとされている。

江戸期の記録によると、この棒道には上・中・下の三本があったそうだが、そのなか

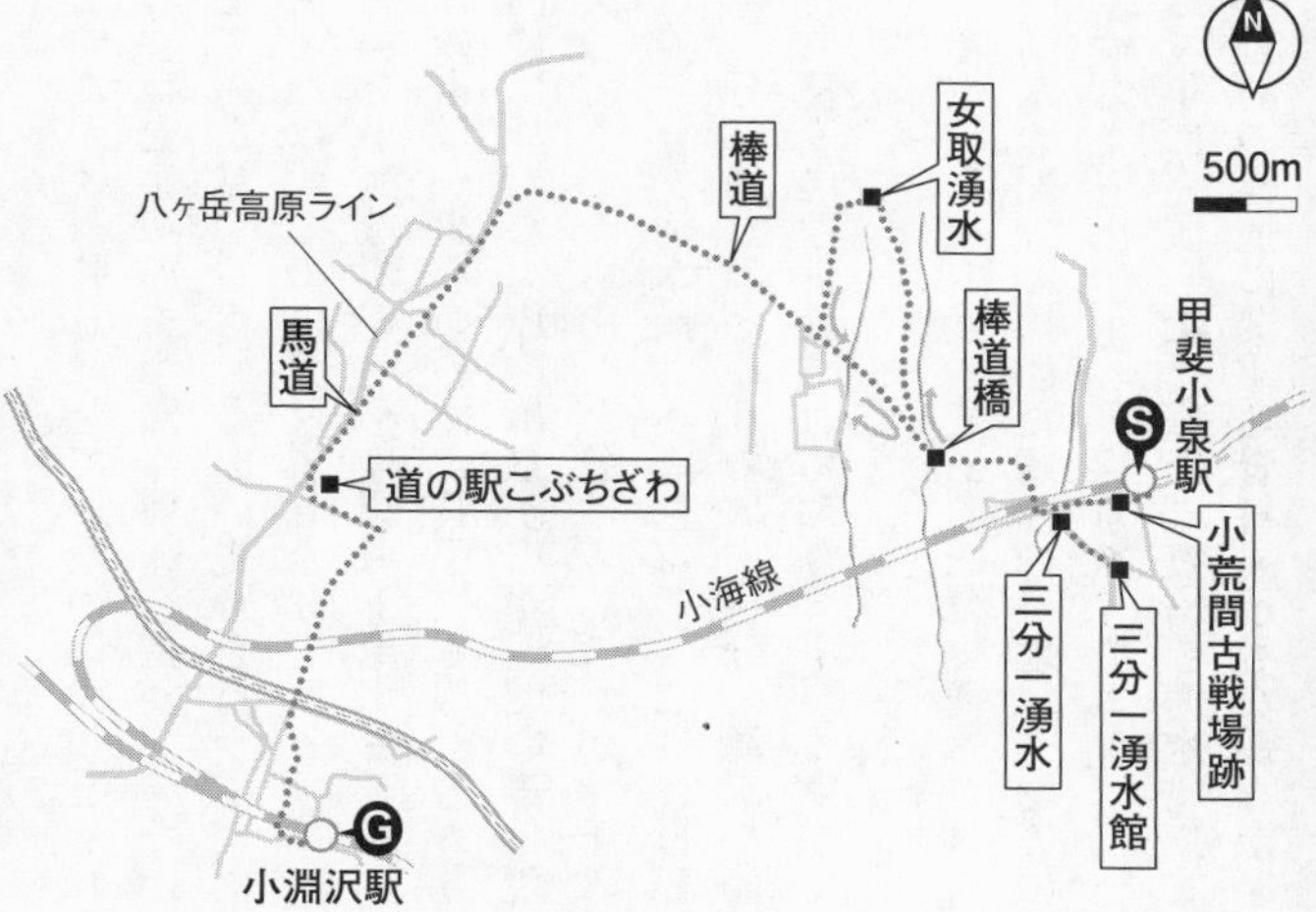

でも信濃へ攻めこむ道として最も活躍したのが上の道だそうだ。それまでのほかの道が諏訪盆地を経由していたのにくらべ、上の棒道は八ヶ岳の山麓をぐるりと回り込むように北上、現在の白樺湖《しらかばこ》の西を抜ける大門峠を経て信濃へ向かっていたらしい。

そんな棒道も今日では大部分が失われてしまい、果たして三本もあったのか、そもそもが軍用道路ではなく自然発生的にできたものではないのかなど、さまざまな説が提唱されているが、いずれにしてもそんな棒道の一部が八ヶ岳山麓に残っており、しかもハイキングコースとして整備されていると知り、いつか歩いてみたいと思っていた。

八ヶ岳自体は昔から何度となく歩い

ていたが、当時意識していたのは山頂とそれをつなぐ登山道ばかり。山麓の人々の暮らしや歴史なんてまったく興味を持っていなかった。木を見て森を見ずではないが、山を見て麓を見ず。もっと広い視野を持っていたら、今はもう失われてしまったものにも出会えたはずなのに。反省しきりである。

ＪＲ小海線の甲斐小泉駅で下車する。起点の小淵沢《こぶちざわ》駅からはひとつ目だが、小海線自体の本数が少ないのでＪＲ中央本線との乗り継ぎは慎重に勘案。無人の駅舎を出ると周囲には静かな高原の風景が広がっている。現存する棒道を目指すには小淵沢方面に少し戻ってそこから山へと分け入るのだが、その前に駅からもほど近い「三分一湧水《さんぶいちゆうすい》」および「三分一湧水館」へ立ち寄る。ここには棒道に関する展示もあると聞いていたのだ。三分一湧水館というのは、三分一湧水や棒道に関する資料館で、館内には産直店や手打ち蕎麦店も併設されており、ドライブがてらやって来たと思しき家族連れなどで賑わっていた。

そもそも主要展示である三分一湧水とはなにかといえば、こちらは過去に八ヶ岳由来の湧水の配分で揉めた周囲の三地域へ均等に水を分けるため、ちょうど3分の1ずつ分水するように工夫した施設のこと。江戸期に定められ、現在のものは１９４４（昭和19）年に完成したそうだ。豊富な湧水に恵まれていてもそんな争いは起きるんだな。

目的の棒道に関する資料展示もなかなか豊富で、棒道にまつわるさまざまな伝承など

小海線の甲斐小泉駅で下車をする。小淵沢駅からはわずかひと駅だが、駅舎を出ると周囲はいきなり高原の様相へと変わっていた

三分一湧水は、八ヶ岳からの湧水を公平に三等分するために作られた用水施設だ。その始まりは江戸時代に遡るといい、現在も清らかな水が流れる

が視覚化されている。軍用道路としての役目を終えてからも、交易路として第二の人生を送っていたことなどもここで知る。

予備知識を仕入れていよいよ棒道へ。踏切を渡って八ヶ岳側に向かうとすぐに現れたのが小荒間《こあらま》番所跡。小荒間はこの界隈の地名だ。そして番所というのは小規模の関所のようなもの。つまり棒道の往来を管理していたわけだ。番所が置かれたのは天文《てんぶん》年間、1532〜1555年頃だそうで、だとするとまさに武田信玄の時代と合致する。

ちなみに甲斐小泉駅から歩きはじめてすぐのところには小荒間古戦場跡というものもある。こちらは信濃から来た軍勢を信玄がここで打ち破ったとされる場所で、信玄の御座石、つまり信玄が腰を掛けたとされる大きな石も残っている。

棒道を歩きはじめ、その名も棒道橋と呼ばれる小さな橋を渡るといよいよ道幅は狭くなり古道の雰囲気が出てくるが、その先でいきなり道は分岐する。棒道はそのまま左の平坦な道を辿るのに対し、右は森の奥にある女取湧水《めとりゆうすい》と呼ばれる水源地へ寄っていくバリエーションルートだ。

棒道から逆V字状に4キロほどを往還するこのルート。登場が終盤だったら「今回は、まあいいか」となるところだが、まだ歩き始めたばかりで余力十分。迷わずそちらへ足を踏み入れる。

そしてこの道がなかなかよかった。八ヶ岳の裾野に広がる広大な森。広葉樹の新緑が

女取湧水へのルートは、木漏れ日が降り
注ぐなかを抜ける気持ちのよい道だった

日差しに輝き、隙間からの木漏れ日が揺らめいて、小径にさまざまな模様を描く。日本で「森」というと、どうしても山間部の斜面に広がる「山林」になってしまうことが多いが、僕が森という言葉から感じるイメージは平坦な土地に延々と続く樹林帯。グリム童話のヘンゼルとグレーテルが迷い込むような、あるいはシベリアに広がる針葉樹林帯のような、あんな世界。この森からはそれに近い印象を受ける。

辿り着いた女取湧水は、苔むした岩々の狭間からこんこんと湧き出してくる清冽な水だ。八ヶ岳に降り積もった雪や雨が長い年月をかけ、伏流水となってここで再び太陽の下に現れたのだろう。日本の名水百選にも指定されているそうだ。すぐ上部にフェンスに囲まれた人工物があるのがちょっと興ざめだが、この湧水は現在も下流域の水源として用いられていることを考えれば、しかたのないことか。

湧水地から再び棒道へと進路を取ると、その先で森が一部伐開されており、それまで森に隠されていた編笠山をはじめとする八ヶ岳の姿を見上げることができた。

やがて棒道と合流したところでちょっと悩む。女取湧水への道はなかなか素敵だったのだが、そのおかげで棒道の一部をショートカットすることになってしまった。これがなんともキモチワルイ。

うーんどうするかと、合流点でしばし立ち止まった末に棒道を逆行。先ほどの分岐点まで戻ったうえで、あらためて歩き直す。この部分は往復で歩くことになってしまった

棒道沿いには数多くの観音像が祀られている。馬頭観音をはじめとする6種類の観音像が、これまでに39体ほど発見されているという

が、結果として意味のあることだった。

棒道の傍らにはいくつもの観音像が並んでおり、このスルー区間にも十一面観音や千手観音、聖観音《しょうかんのん》立像などが多く祀られていた。あそこでそのまま先へ向かったらこれらを見逃してしまうところだった。

そもそも観音像たちは、なぜここに並んでいるのか。軍用道路としての棒道には不要なものだろう。実はこれらが安置されたのは、信玄の時代からさらに300年ほど時が経った江戸後期のころだという。

当時の日本では西国三十三所や坂東三十三所など、33ヶ所の寺院巡礼が流行しており、棒道の観音像もそれにならい周辺各村の有志の寄付によって造立されたものだそうだ。もちろん信仰上の意味合いだけでなく、これらの観音像は一町（一〇九メートル）間隔で置かれ、つまりは旅人の安全を願う道標としての役目も果たしていたのだろう。

軍用だったものが時代の変化によって、異なる用途で使われたというのはなんだか心温まる話だし、昔から日本人ってスタンプラリー的なものが好きだったんだなと苦笑もしてしまう。

ここからはそんな石仏群に挨拶を交わしながら棒道を辿っていく。初夏という季節柄、周囲にはエゾハルゼミの蟬時雨《せみしぐれ》がうるさいぐらいに響き渡っている。棒道の南側には別荘地が広がっているようで、樹間の向こうには小洒落た家々が見え隠れする。

途中からもう一本の道が並走するようになり、これはいったいどういうことかと不思議に思っていたのだが、道端に掲げられていた注意書きで理由は判明した。そこには「馬は馬道を!! 棒道の凸凹に困っています」の文言がかわいらしい馬のイラストとともに書かれていたのだ。

つまりこの棒道は近辺にある乗馬クラブのコースとしても利用されており、馬専用としてもう一本の道が並走しているのだろう。路面が荒れてしまうことはひとまずおいておき、馬も通っているというのはなんだか素敵な気がする。棒道が軍用道路として使われていた時代には、当然騎馬も駆け抜けていたに違いないから。

棒道と並走するようにもう一本の細道が続いていた。なんで複数の道がと不思議に思ったが、これは馬が通るためのものだった

棒道に貼られていた注意書き。馬は馬道を通ってくださいとのこと。もちろん真剣なお願いなのだろうが、描かれたイラストがなんだかユーモラス

小淵沢駅へ向かう道沿いからは南アルプスが大きく見えた。中央の高峰は甲斐駒ヶ岳。左端に顔をのぞかせているのは北岳だろう

左手にゴルフ場の風景が見えてくると、歩道として整備された棒道は終わりに近い。かつて棒道だったルートはここからさらに西へと続いていたそうだが、今回は転進して南へ。小淵沢駅を目指す。

道は舗装された広い道だが、八ヶ岳高原ラインがすぐ脇を並走しているせいか、自動車の往来も少なく快適だ。道行く先、つまり南の方角には南アルプスの貴公子と呼ばれる甲斐駒ヶ《こまが》岳《たけ》が堂々とそびえ、その背後にはアサヨ峰から鳳凰三山の山並みが屏風のように控えている。そしてその後ろからまだ雪を被った頭をチョコンとのぞかせているのは、日本第二の高峰・北岳だ。八ヶ岳と南アルプス。この界隈は本当に美しい峰々に囲まれた土地だ。

しばらくすると道は八ヶ岳高原ラインと合流、そろそろ自動車の傍らを歩くことになるのかなと思ったら、その直前に小さな小径を見つけてそちらに流れる。どうやらこの道はもともと馬道として整備されているようで、道筋には蹄鉄の跡が無数につけられている。このときは幸か不幸か馬に出会うことはできなかったが、もし対向車ならぬ対向馬がやって来たら、ここではこちらが一歩草むらに退いて道を空けるべきなのだろう。

その先で道の駅を抜け、大きくカーブした小海線を踏切で渡れば中央自動車道が横たわっている。さて、これはどこから抜けたものか思案していると、僕の様子を見ていたのか、ずいぶん遠くの畑から「駅はそこ右だからー！」と、地元のおばちゃんが大きな声で僕を案内してくれる。表情さえ満足に読み取れないほど離れていた距離だったが、僕も彼女に聞こえるくらいの大声で「ありがとー！」と返し、頭上で両手を大きく振って感謝を伝えつつ、教えられたとおりの道で中央道をくぐって駅を目指した。

第五章　山と茶屋を訪ねて

外秩父《そとちちぶ》の峠を渡って茶屋へ

埼玉県

東秩父村は埼玉県で唯一の村だ。平成の市町村大合併の嵐のなか、何度か周囲との合併話も持ち上がったが、結局今日に至るまで独立を維持している。

そしてこの東秩父村と西側で接する秩父市との間に、衝立のように横たわっているのが外秩父山地だ。東秩父村という村名からは秩父地方の一部のようなイメージがあるが、実際には同じく外秩父山地の東側に位置する比企郡《ひきぐん》小川町や嵐山町《らんざんまち》との結びつきが強いそうだ。

しかしそうはいってもお隣り同士。現在のように鉄道や自動車などの交通網が発達していなかった時代には、多くの人や物がこの山を越えて往来していた。とくに中山道の熊谷宿《くまがいじゅく》から秩父を抜けて甲府を目指す秩父往還と呼ばれる街道は、ここを峠で越えて秩父へ向かうのが主要な道筋だったそうだ。そのためか、それほど長いわけでもない稜線上には今もいくつもの峠が残っている。

峠といえば「越える」のが相場ではあるけれど、ここでは尾根筋を歩きながらいくつもの峠を渡り、最後に辿り着いた峠の茶屋でじっくり旅の余韻を楽しもうという寸法だ。

まず目指したのは二本木峠。外秩父山地の北部にして、東秩父村内の峠としても北端にあたる。

東秩父村には鉄道が通っていない。そのため東武東上線で小川町駅まで行き、そこからはバスだ。バスは武蔵《むさし》の小京都とも呼ばれる、小川町の落ちついた町並みを抜けて次第に山襞《やまひだ》を分け入っていく。30分ほど乗っただろうか。内手というバス停で下車したら、そこから二本木峠へ向かって歩きだす。

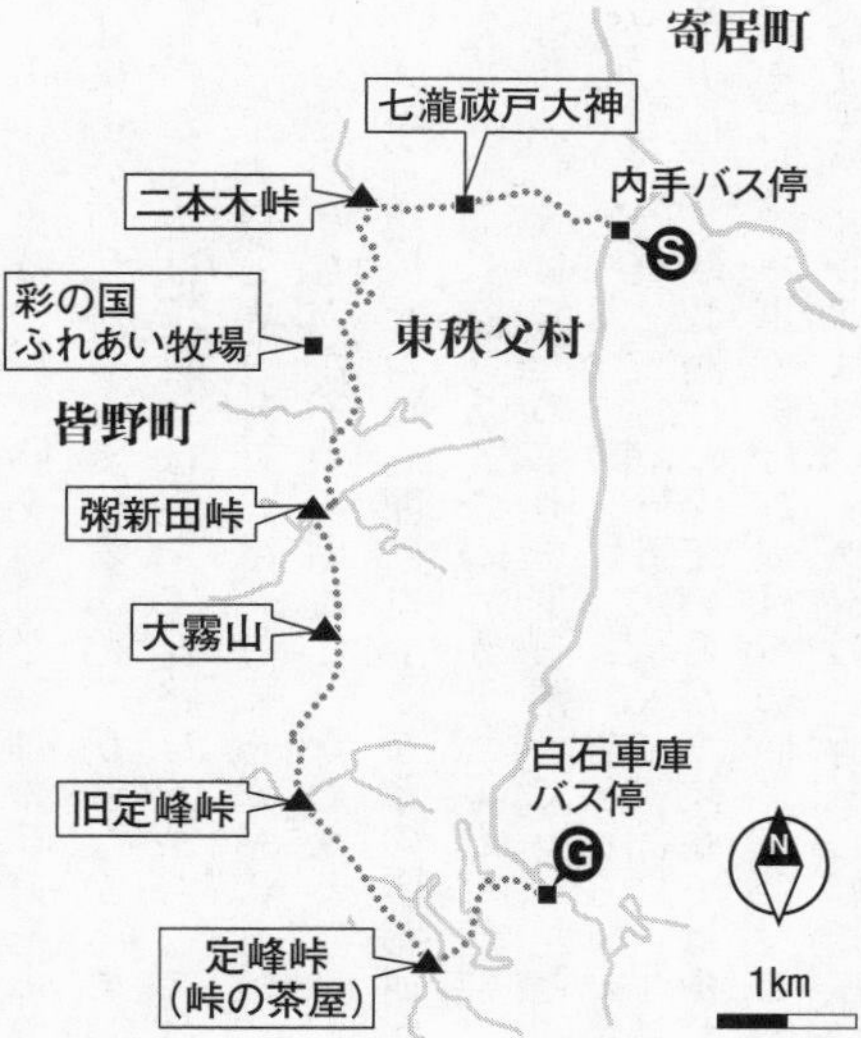

現在では二本木峠まで車道も開通しているが、そのウネウネと蛇行する車道を縫い刺しにするように昔からの峠道が残っている。自動車よりも人馬のほうが急斜面にも対応できることがわかる道筋だ。

当初は集落の民家脇を抜けたり畑の畦道を歩いて、少しずつ標高を上げていく。道の辻に古い石仏が並んでいるあたりが昔ながらの道らしい。

やがて道は車道とは完全に経路を分かち、スギ林に入る。山中に突然現れた七瀧祓戸《ななたきはらえどの》大神《おおかみ》不動尊という神社には、登山道からの分岐に真新しい紙垂《しで》が垂れた注連縄《しめなわ》が張られており、今も人が通っていることがわかる。

スギ一辺倒だった周囲にコナラなどの広葉樹が混じりはじめ、左手には牧草地が広がり出す。急に空が広くなったかと思うと、唐突に舗装路に飛び出した。車道と合流したらしい。そしてその車道を少し遡っていったところが二本木峠だった。

下から延びてきた車道はここで尾根沿いを抜ける車道とぶつかる。峠の向こう側、秩父方面にも舗装路は続いているが、現在では少し南にもっと立派な道ができているので、あえてここを車で抜ける人は少ないようだ。この峠が秩父へと至る主要な峠だったのも今は昔か。最近はヤマツツジの名所として知られ、季節には多くの人が訪れるとのこと。

二本木峠からは尾根沿いに続く、さながら高原道路といった様相の車道を歩いて南へ。周囲は標高600~700メートルの緩やかな傾斜地が広がっており、そこでは県営の秩父高原牧場が運営されている。解説板によると、この牧場では民間の酪農家から若い牛を預かり、恵まれたここの環境で健康に育てているそうだ。場所によっては道路のすぐ脇まで牧草地が迫っており、そんなところで何頭もの乳牛がモグモグと牧草を食《は》んで

尾根上の道沿いでは乳牛たちがのんびりと牧草を食んでいた。人を怖れるでもなく、柵際で眺めていると興味深げに寄ってきた

牧場で飲んだ新鮮な牛乳。瓶のイラストがかわいらしい。最近は瓶の牛乳もあまり見かけなくなってしまい、瓶牛乳世代としては淋しいかぎり

いる。

自動車の往来もさほどないので、歩いていても快適だ。ときおりオートバイや自転車が走り抜けていく。

道路脇にネモフィラの薄紫色の花が咲きあふれ出すと、その先が牧場の入口だった。一般にも開放されている牧草地にはたくさんのヤギが放牧されていて、みんな牧草を食べるのに夢中だ。季節柄なのか子ヤギの数もずいぶん多い。お母さんヤギにべったりなのもいるかと思えば、多くの観光客に囲まれているのも意に介さず、ひとりで平然と熟睡中の子ヤギもいて、ヤギとはいってもそれぞれ個性があるようだ。

この牧場では取れたてのミルクを使ったソフトクリームが有名なのだが、見ればそこは長蛇の列。せっかくこんなところまで来たのに、行列に並ぶのはちょっとイヤだ。そこで、すぐに購入できる牧場産の瓶入り牛乳を入手し、湯上がりの銭湯よろしく片手を腰にあてて一気に飲み干し、さあ次へ。

牧場から尾根沿いの車道を南下してくると、突然、自動車の大渋滞が発生していた。なにごとかと様子をうかがってみると、どうやらこれは満開になったポピー畑を目指す人々らしい。この尾根を越えた秩父側には、いまがちょうど満開の時期を迎える「天空のポピー」と呼ばれる花畑があり、みんなそれを目当てに山を越えてやってくるんだそうだ。ときにはこんな峠道で1~2時間単位の渋滞もあるそうで、いやはやポピーを愛でるのも大変である。物流路としてここの峠を越えた昔日の旅人が知ったら、さぞや驚くことだろう。

もちろん徒歩旅行者にはそんな渋滞は無縁。車列の脇をすり抜けて牧場内の道を歩き、さらに山道に入ってしばらくすると、そこがふたつめの峠、粥新田峠《かゆにたとうげ》だ。

「粥新田」とはまた奇妙な名前だが、この地名には由来がある。それは全国各地にも伝わる巨人伝説、ダイダラボッチの物語だ。かつてこの地にいたダイダラボッチがお粥を煮たのがこの粥新田峠、そのときに使った一膳の箸を置いたのが先ほど通った二本木峠、さらにはそのときかぶっていた笠を置いたのが南東に位置する笠山。さらにさらにそのとき使った釜を伏せておいたのが、二本木峠の北にある釜伏山と、なんとも落語のネタみたいにうまくできた話が伝わっているのだ。

さすがにそんな巨人を実際に目撃しての話というわけではないだろうけど、当時の人にとってダイダラボッチは人智を超えた神様のような存在で、そんなことからこんな伝説も生まれたんじゃないかな。

粥新田峠からは登りが続く。目指すはこのコースで唯一の山、大霧山《おおぎりやま》の山頂だ。登りながら行く先を見上げれば、広葉樹の向こうに山頂が顔をのぞかせている。あのくらいならすぐだねと楽観したのだが、これが大きな間違いだった。見えていたのは山頂手前に位置する尾根上の小さな突起にすぎず、そこからもまだまだじっくり登らされる。山歩きにはありがちな、ちょっと悲しい勘違いだ。

足元に視線を落としながらひたすら標高を稼いでいると、登山道上になんだかキラキラと光を反射する石が散乱している。もしや希少鉱物の類いではと、疲労はどこへやらウキウキと手に取ってみたところ、どうやらこれは雲母《うんも》だ。爪で引っかくと、パリッときれいに剝がれる。劈開《へきかい》と呼ばれる雲母に特徴的な構造だ。

残念ながら雲母は決して希少な鉱物ではないが、その金属的な光沢を利用するために塗料に混ぜたり、バーミキュライトと呼ばれる園芸用土にも使われている。おそらくこの一帯のどこかに巨大な母岩があるのだろう。

そんなささやかな鉱物観察をしているうちに大霧山山頂に到着。西側の展望が抜群だ。ギザギザした両神山《りょうかみさん》の山容もよく見える。

先に到着していた登山者たちが、足元をのぞき込むようにして「見える見える！」と盛り上がっているので、なにごとか彼らの後ろに立って視線を追ってみたところ、そこには先ほど大渋滞していた自動車の目的地、ポピーの花畑がまるごと俯瞰できるではないか。遠景とはいえ、ちょっとトクした気分である。

大霧山からスギ林のなかを緩やかに下っていけば、三つめの峠である旧定峰峠《さだみねとうげ》に降り立つ。この日渡ってきた峠のなかでは唯一、車道が越えていない、昔ながらの静かな雰囲気を残す峠だ。峠は岩を削って切り通しのようになっており、傍らには小さな石祠が

秩父側の展望が良好な大霧山山頂。ちょうどお昼どきとあって、皆さん絶景を眺めつつのお昼ごはんを楽しんでいた

旧定峰峠は今も山道が越えるのみ。訪れるのは登山者やトレイルランナーなど、自分の足でここまで登ってきた者ばかりだ

祀られている。石祠の周囲は秩父地方で産出される緑泥片岩《りょくでいへんがん》が壁状に覆っている。おそらくは峠を抜ける強風から石祠を守るためだろう。今この周囲はスギの植林に覆われているが、かつては農耕馬のための放牧地が広がっていたそうで、だとすれば風もさぞかし強かったはずだ。

ちなみに現在は旧定峰峠と呼ばれているが、本来はこちらが本家本元の定峰峠。1955（昭和30）年、これから目指す最後の峠に車道が開通し、そちらに定峰峠の名を譲る形で、「旧」となった。

その新しいほうの定峰峠を目指して、再びの尾根歩き。途中、道沿いのあちこちに背の低い石垣が連なっており、これはいったいなんだと山中でひとり考えこむ。登山道整備のためだけに、さすがにここまではしないんじゃないか。

ひとつ思い出したのは、二本木峠に掲げられていた解説板。それによると1931（昭和6）年に当時の村長が中心となって、今日歩いてきた尾根沿いに森林保護のための防火帯として長い壁を築いたとあった。もしかしたらこの石垣はそれに関連するものなのかもしれないな。

その工事は森林保護と同時に失業者の雇用確保という側面もあったらしく、たしかに1931（昭和6）年といえば世界大恐慌の直後。日本も昭和恐慌と呼ばれる空前の経済危機に見舞われた時代だ。秩父の山で、突然そんな昭和史の断片に遭遇するのも不思

今回の旅の実質的なゴール地点、定峰峠の「峠の茶屋」。ここは手打ちうどんが有名で、そのためだけにやって来る人もいるらしい

議な気分である。

足元からバイクのエンジン音が響いてくるようになり、樹間に人工物がチラチラ見えてくるようになったと思ったら、そこが定峰峠だった。

峠の駐車場には何台もの自動車やバイクが停まっており、ドライバーやライダーが楽しそうに集っている。実はこの峠は『頭文字《イニシャル》D』という走り屋マンガの舞台にもなっており、読者にとってはちょっとした聖地巡礼的な意味合いもあるらしい。

しかし僕が定峰峠を目指したのは聖地探訪ではない。ここでもう50年以上も営業を続ける「定峰峠　峠の茶屋」で、この日の旅を締める「茶屋探訪」だ。

トンガリ屋根が特徴的な店の前に立ち、

脇で空き缶の処理をしていたおばちゃんに挨拶をして店内へ。まずはビールをお願いすると、すかさず「運転は大丈夫？」と聞き返される。峠に駐車してあるたくさんの自動車やバイクを考えればもっともだ。周囲のお客さんがコーヒーやノンアルコールビールを飲んでいるなか、徒歩旅行のささやかな特権を感じる一瞬である。

この日、お店では3人の女性が切り盛りしていたが、皆さんとても愛想がよく、僕の突飛な質問にも気持ちよく応対してくれる。

車道が抜ける前もここは峠道で、しきりに人や牛馬が越えていたこと。峠をはさんだ東西の集落間での嫁取りや婿入りも多く、嫁入り行列の往来もあったこと。そして毎年12月の秩父夜祭のときは、現在の東秩父村側からこぞって峠を越えて秩父を目指したこと。店内にはまだ茅葺《かやぶ》き屋根の家があったころの峠の写真が飾られていた。

この日はここから東側の白石に下山して、バスで小川町駅へと戻るが、そんな話を聞いているうちに、今度は昔ながらの峠越えルートで、東秩父村から秩父市までを通しで歩いてみたくなった。

奥高尾《おくたかお》の「茶屋街道」ハシゴ

東京都・神奈川県

高尾山については今さら説明も不要かもしれない。都心から1時間ほどでアクセスできる手軽な山なのはもちろん、植物はもとより鳥類や昆虫類などの豊かな自然環境が保たれている。古来、修験道《しゅげんどう》の山として殺生が戒められてきたこともそれにはひと役買ったようだ。

山麓や山頂付近に多くの飲食店が点在することや、体力や興味に応じて選べる多様な登山ルートの存在も人気の理由だ。年間の登山者数300万人というのは、世界一の規模らしい。コロナ禍で一時激減したものの、外国人旅行者も含めて再びその勢いを盛り返すのは時間の問題だろう。

この高尾山から西へ向かって延びる尾根筋は奥高尾と呼ばれ、高尾山登山からもう一歩足を延ばしたい人にとっては絶好のステップアップコースになっているのだが、この尾根筋のもうひとつの特徴として挙げられるのが茶屋の多さ。日本全国の山を見回しても、茶屋がこれほど密集している山域はほかに例がないのではないか。まさにこの尾根

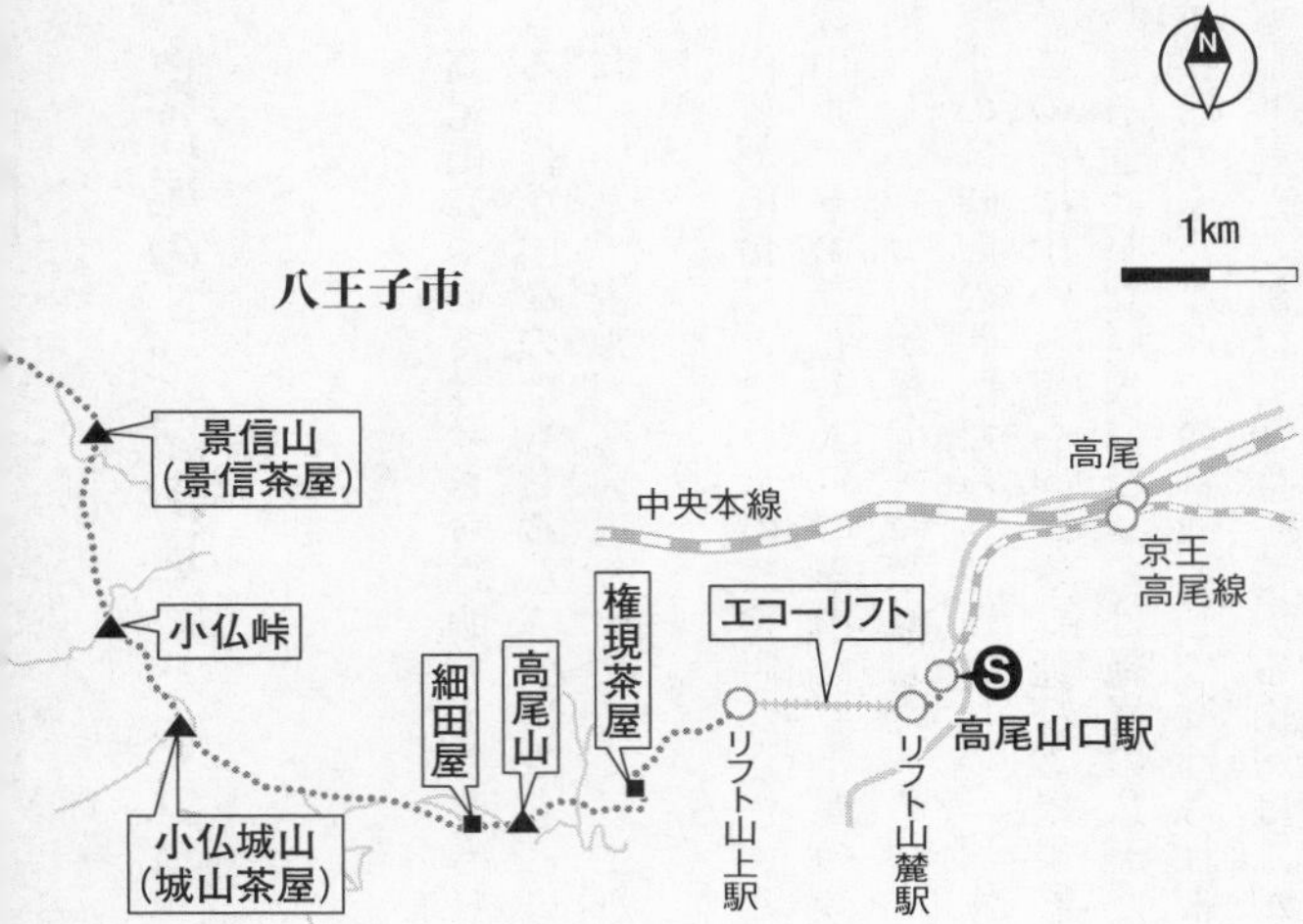

筋は「茶屋街道」と呼ぶのに相応しい。

そうはいっても通常の山歩きをしている範囲では、これらの茶屋に立ち寄るのはせいぜい1〜2軒。混雑していることもあって素通りしてしまうのも珍しくない。

以前から一度、そんな道筋の茶屋を町中の酒場感覚でハシゴしてみたいと企んでいた。といっても山麓からすべての店をハシゴするとあっては、一日かけても高尾山を抜けることすら難しい。ならば少なくともひとつの山、ひとつの峠で一軒は立ち寄ることをマイルールとして、高尾山を起点に西に位置する陣馬《じんば》山《さん》までを歩いてみようではないか。

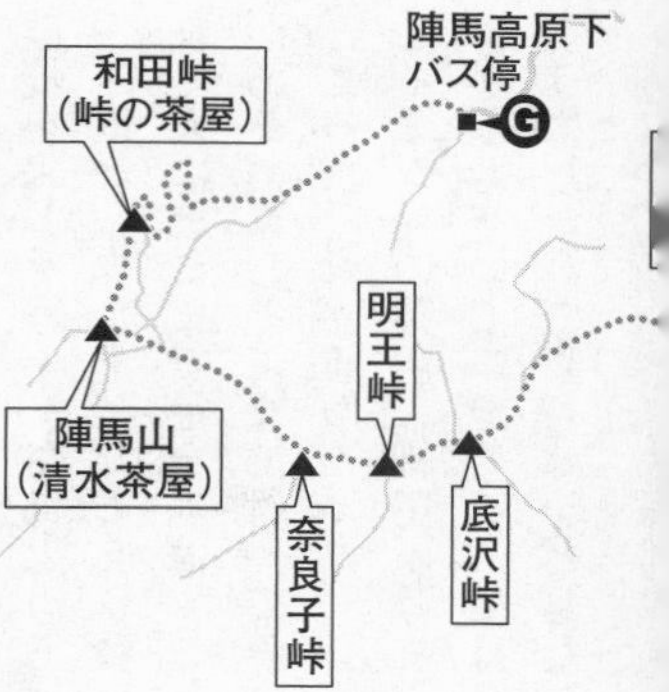

ある週末の日曜日。早朝に家を出て京王線の高尾山口駅に到着する。本当ならわざわざ混雑する週末に訪れるのは避けたいのだが、しかたがない。週末のみ営業という茶屋も少なくないのだ。

登山口からはエコーリフトを利用して、一気に標高460メートルほどの山上駅を目指す。山頂へのアクセスはケーブルカーが有名だが、最近、僕はリフトを使うことが多い。山肌を伝ってくる風や、周囲から湧き上がる森の匂い、そして想像以上の高度感からくるちょっとしたスリリングさが楽しい。

山上駅から歩き始めればすぐに茶屋は現れるが、ここでひとつ想定外が。時間が早すぎてまだ開店していないのだ。

ちょっと不安になりながらも、男坂を登りきった先にある権現茶屋が店を開けていてホッとする。正確には店内にはまだお客を入れず、店頭での販売のみだがかまうものか。朝イチということもあって、冷やし甘酒を朝食代わりにいただく。「飲む点滴」とも呼ばれる甘酒。流動食とあって山歩きにもちょうどいい。朝食抜きだった胃袋に染み渡ったところで、無事にこの日の一軒目である。

落ちついたところで参道を辿り、薬王院《やくおういん》で天狗様にお参りしたうえでいよいよ山頂へ到着して驚いた。まだ午前10時前だというのに、ここはすでに人でいっぱいなのである。それどころか、みんなレジャーシートを敷いてピクニックの真っ最中。どうやら早め早めに行動したのは僕だけではなかったようだ。しかしここで皆さんが食べているのはいったい朝食なのか昼食なのか。

当然、山頂付近の茶屋もいっぱいである。いきなりここで並んでいたら、この後の計画に支障が出そうだが、「ひとつの山または峠につき一軒」というマイルールも同時に破綻を来しそうだ。さあどうしようかと逡巡したところでひとつ希望の光明が。

山頂から少し下ったモミジ台に、たしかもう一軒茶屋があったはず。高尾山だけを訪れる人はそこまで足を延ばすことが少ないのか、以前繁忙期に訪れたときも入れた記憶がある。よしそこまで行ってみよう。それでダメなら潔く並ぼうと決めて下りに入ったところ、それが正解だった。

モミジ台の茶店、細田屋はまだポツポツと登山者が立ち寄っている程度で、軒先のテーブルも空《す》いていた。ここでは名物のナメコ汁を注文する。この先、注文がかぶらないようにしたいのもちょっとしたこだわりだ。先ほどは冷たいものだっただけにナメコ汁

曜日にかかわらずいつも多くの登山者で賑わう高尾山のケーブルカー駅。なにしろ世界で一番登山者が多い山らしい

今回はケーブルカーではなくエコーリフトで山頂を目指す。静かに、人混みにまぎれずに高尾山の森に沿って登っていくのが心地よい

の温かさが身に染みる。というかナメコのヌメリが保温効果を高めているのだろう、熱くてなかなか口をつけられないほどだ。刻まれて入っているミツバの香りが気持ちをリフレッシュさせてくれる。

ここからは登山道を西へ。やはり高尾山山頂までにくらべると登山者の数も減る。歩いているのは、どこかの山や峠を目指す縦走者なのだろう。

モミジ台からの下りを歩き始めたところで、ひとつ気がついたことがあった。みんな、山でお馴染みの「こんにちはー」と挨拶を交わすのである。いや、お馴染みのというくらいだから本当は意外でもなんでもないのだが、モミジ台まではまったく耳にしなかった。

どうやら暗黙の了解として、「高尾山から先は登山」というのがあるのかもしれない。まあ、高尾山のあの人混みでいちいち挨拶を重ねていたら、それだけで疲れてしまいそうだけれども。

登山道は緩やかに下り、一度鞍部まで下りきるとそこから再び登り返す。ここにかぎらずルートの多くの斜面は木道が整備されており、たいていの分岐にはしっかりした道標も立てられ、安心して山歩きを楽しめる。途中、一丁平園地《いっちょうだいらえんち》と呼ばれる明るく開けた場所を過ぎれば、次の小仏城山《こぼとけしろやま》山頂まではもう少しの距離だ。

小仏城山には、城山茶屋と春美茶屋という2軒の茶屋が背中合わせで営業しているが、

茶屋が目的とはいえ、高尾山に来たからには薬王院のお参りもしておかないと。そして高尾山といえば天狗サマ。その表情にはどこか気品がある

今回は城山茶屋を選ぶ。こちらの茶屋はかき氷が名物とみえるが、登山者が注文したそれを見るとびっくりするほど大盛りだ。僕もちょっとそそられたが、ここはあえてモツ煮をいただく。こってりとした汁と塩味が少し疲れてきた身体に効きそうだ。

　西に向かっていた縦走路はここから変針して北を目指す。そしてこの先は陣馬山を越えた和田峠へ向かって、東京都と神奈川県との県境も兼ねている。

　小仏城山の標高が６７０メートルなのに対し、次に目指す景信山《かげのぶやま》の標高は７２７メートル。標高差にすればわずか60メートル足らずだが、途中には標高５４８メートルの小仏峠がひかえている。つまり１００メートル以上下って２００メー

トル近く登り返す計算だ。

そしてこの間はそれまでと異なり、ぬかるんだ悪路が続く。とくに下りではみんなスリップを怖れてペースが落ちるので、場所によってはぬかるみ渋滞が発生している。なかにはお尻にベッタリ泥をくっつけてる人もいたりして、なかなか苦労しているようだ。

そんななかをようやく小仏峠へ到着。ここはかつての甲州街道における要衝。関所が置かれていた歴史ある峠だ。現在も尾根上の縦走路と交差するように東京と神奈川を結ぶ峠道が延びている。以前はここにも茶屋があったのだけど、現在では営業をやめてしまったようで、当時の建物も廃墟同然になっている。

そんな小仏峠に降り立ってみると、なにやら屋台のようなものが店を広げている。茶屋が復活でもしたのかと思って近寄ってみたところ、そこで売られていたのはなんと高尾山の登山地図。しかも「登山詳細図」というなかなかマニアックなシリーズだ。

小さな書店では見かけることは少ないし、高尾山あたりだと地図を持たずに歩いている人もいるのか、けっこう売れているようだ。たしかにこの場所でこの山域の地図を売るというのは、ベストな立地かもしれない。

しかし、そのために地図を背負ってここまで山を登ってくるのかー。当初は版元の営業活動かと思ったが、聞けば売っていたのは地図の著者ご本人。すごいなあと感心するのと同時に、僕の担当編集者にはあまり見てほしくない気もする。だってこんな姿を目撃されたら、「おまえも自分の本を担いで売りにいってこい！」とかハッパをかけられそうじゃないの。

そんな想像に戦々恐々としながらも景信山に到着。時間はお昼とあって多くの人が昼食中だ。

この山頂にも景信茶屋と三角点かげ信小屋というふたつの茶屋が営業している。景信茶屋に入ってあらためて時計を確認すると、たしかに時間は正午を回っている。心のなかで「よし！」と叫び、頼むのはもちろんビールだ。ここまでの茶屋でももちろんビールは売られていたけど、お昼まではと自制していた。途中で酔っぱらっちゃったら困るしね。先ほどの城山茶屋でかき氷に躊躇《ちゅうちょ》したのも、ビールとの劇的な出会いを迎えるための布石だ。もちろん、最高に美味しい。

それにしてもこんな山の上の茶屋で、瓶ビール、それも大瓶を置いていることに驚く。しかも銘柄まで選べるときている。それだけ訪れる人も多いということだろう。周囲を見渡せば、楽しそうに差しつ差されつしているグループも多い。

聞くともなしに耳に入ってくる話し声から推測するに、どうやらこの景信山の山頂で待ち合わせをしている登山者も少なくないようだ。ここは山であるのと同時に、そんな人たちにとってはちょっとした野外パーティーの舞台にもなっているのかもしれなかった。

景信山からは再び縦走路は西へと向かう。ここから最後の陣馬山までのコースタイムは約2時間。登山者の姿はさらに少なくなり、高尾山から歩いてきて初めて、自分以外周囲に誰もいない瞬間が何度か訪れた。

途中には白沢峠や底沢峠、明王峠と峠が多い。峠が多いということは、この稜線をはさんだ両側では昔から人々の往来が盛んだったということだろう。そしてその稜線上を歩くということはアップダウンも多いということでもある。

そんな峠のなかで気になっていたのが明王峠だ。この峠にも昔から茶屋があったのだが、ずいぶん長いこと営業しておらず、もう再開はないんではという噂も耳にしていた。

本当のところはどうなのかと峠まで辿りついてみると、やはり今回も営業していなかった。いなかったのだが、男性がひとり作業をしている。聞けば彼は小屋を修理中の大工さんで、この日も小屋再建のためにやってきたとのこと。これまで何年もかけて少しずつ直してきたが、どうやら来年くらいには一部営業を再開できるんじゃないだろうかとの話を聞いて、思わず「頑張ってください！」と応援してしまう。小屋の壁には今も「うどん450エン」とか「チューハイ550エン」とか書かれた品書きがそのままにぶらさがっていた。

明王峠からさらに奈良子峠に渡り、最後の登りを頑張れば標高855メートルの陣馬山山頂だ。山頂には陣馬山のシンボルともいえる白馬の像が屹立し、そのまわりでは数

景信山の山頂では景信茶屋へ。時計を見れば正午を回っていたのでビールも解禁。多くのひとが山ビールを楽しんでいるのも高尾山周辺ならではか

この日最後の登頂となったのが陣馬山。標高855メートル。1960年代に建てられた白馬の像も、今ではすっかり陣馬山の象徴といえる

人の登山者が記念写真を撮っている。

僕のほうはといえば、写真もそこそこに茶屋へ。ここには富士見茶屋に清水茶屋、信玄茶屋となんと3軒も茶屋があって選ぶのに迷うが、この日は清水茶屋へ入って名物のけんちん汁を注文。絶景が楽しめるテラス席に座って、具だくさんのそれを口に放りこみながら周囲の展望を堪能する。

あとは20分ほど下れば、陣馬街道の和田峠に到着だ。そしてそこには今日最後の茶屋、和田峠の峠の茶屋が建っている。そこからゴールの陣馬高原下バス停までは舗装路を歩いて40分ほど。ならば最後にもう一杯、お疲れさまの乾杯ビールといきたいところだ。だがしかし。和田峠の茶屋にはアルコール類が置いてないのである。さらに、だがしかし。そのことは事前に知っていたのである。茶屋ではおでんを頼み、リュックの底からそれまで後生大事に担いできた保冷バッグ入りの缶ビールをおもむろに取り出して、ひとりで乾杯。高尾山の権現茶屋から始まって都合6軒。町中の酒場でもやらないようなハシゴ茶屋であった。

御坂峠《みさかとうげ》と天下《てんか》茶屋《ちゃや》

山梨県

甲府盆地と富士山の北麓を分かつ御坂山地。かつては甲州と東海道を結ぶ、いわゆる御坂道と呼ばれる古道がここを御坂峠で越えていた。1931（昭和6）年、御坂峠より2キロほど東に御坂隧道《ずいどう》が開通したことによって、それまで人や牛馬しか越えられなかったこの山地を自動車でも抜けられるようになり物流は大いに変化した。

この御坂隧道の富士山側入口のすぐ脇に一軒の茶屋がある。文学好き、とくに太宰治ファンにはよく知られた天下茶屋だ。茶屋が営業を開始した4年後、ここを執筆場所にしていた師の井伏鱒二を頼るようにして太宰治は来訪。彼もまた茶屋の2階に数ヶ月滞在し、この地で『富嶽百景』を仕上げたという。

この天下茶屋。その後、御坂峠寄りにさらに新御坂トンネルが開通すると御坂隧道の往来は激減し、それにともなって店をたたんでいたのだが、1978（昭和53）年に再建のうえ復活。現在も当時の場所で、ドライブでやってくる人や御坂山地を目指す登山者に飲食を提供している。

そんな茶屋で食事でもしながら名峰富士の姿を拝んでみよう。そして「富士には月見草がよく似合う」的なセリフのひと言でも残しつつ、その余勢を駆ってかつての古道を辿って峠を越えてみようじゃないか。そんなことを考えつつ富士山麓を目指した。

富士急線の河口湖駅で下車したのは、意外にもというか当然というか圧倒的に海外からの旅行者が多かった。車窓から望む富士山はまだ肩まで雪をかぶっており、一般登山には季節は早いが、それでも雄大なその姿を麓《ふもと》から見上げてみたいのだろう。実際待ちきれないのか、ときおり車窓から見える富士山に感嘆の声をあげ、パシャパシャとカメラのシャッターを切りまくる光景は車内で何度も繰り返されていた。

「あーあー、この先いくらでも見られるのに、そんなにがっつかなくても」と心のなかで失笑していた僕だったが、実は彼らが正解。河口湖駅を降りてみると、先ほどまでは山頂の登山者も見えるのではというくらいにクッキリ見えていた富士山がスッポリと雲に隠れてしまい、かろうじて裾野が残っているのみとなってしまった。

いずれ天候は好転すると信じつつ、駅前から天下茶屋行きのバスに乗り込む。バスはほぼ満席状態で、そのうちの半数ほどはやはり外国人だ。彼らがみんな天下茶屋を目指すのだろうか。彼らの日本旅行はすでにそこまで深化しているのだろうか。なにしろ天下茶屋行きのバスは一日に一便。しかも天下茶屋から戻ってくるのは、すぐに引き返すこのバスのみ。つまりバスで向かった人間は、帰路は自分でなんとかしなくてはならな

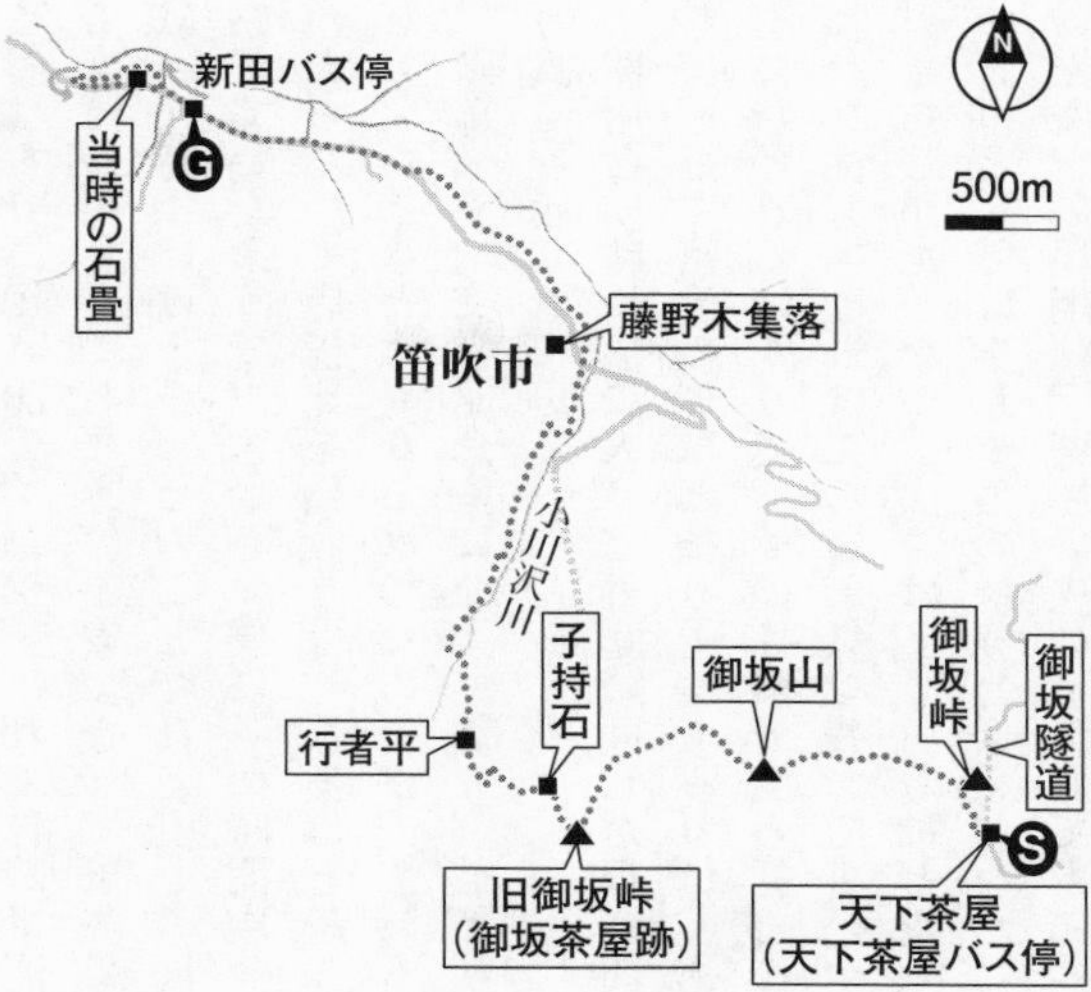

いのである。

彼らはそんなことを理解しているのかと、人ごとながら心配しつつ次第に標高を上げる車窓からの風景を眺めていると、終点のひとつ前、三つ峠登山口でほとんどが降りていった。そうだよね。ここからハイキングかな。それでも三つ峠にそんなに多くの外国人旅行者が訪れることにも驚きだけど。

結局、終点まで乗ったのは、僕ともうひと組のカップルのみ。彼らもしっかりとトレッキングシューズを履いていたので、この先は山歩きを楽しむのだろう。そしてその前に、まずは天下茶屋である。

しかし、いざ店の前に立ってみる

とそこには「準備中」の看板が。おかしい。事前に調べたところでは開店は10時のはず。時間はすでに10時20分。万が一これで11時半開店なんてことになると、その後の計画にも支障が出てきてしまう。不安になって軒先で掃除をしていたお店のかたに尋ねてみれば「10時半には……」とのことでひと安心。同じ不安はバスに同乗していたカップルも感じていたようで、すかさず僕に「何時開店って言ってた?」と確認してきた。

あらためて店構えを見渡せば、なるほど趣のある建物である。もちろん太宰らが滞在していたときとは異なるものなのだが、当時もかくやといった雰囲気だ。現在、茶屋の二階は太宰治文学記念室になっており、彼が使用した文机や火鉢とともに当時の茶屋の写真も展示されている。

開店と同時に店に入り、外庭に面した板の間に座って名物のほうとうを注文する。そして、さて富士の姿はと振り返ってみれば、ああ、残念ながら河口湖の向こうは一面の雲に覆われるばかりで、その片鱗ですら拝むことはできない。ほうとうを運んできてくれた女性も「今日はこんな天気で残念で……」となぐさめてくれる。

まあしかたがない。山ではよくあることだ。そこに想像上の富士を描きつつ、午前中の食事としては少し重めのほうとうをおなかに収めて店を後にする。店の壁に飾られていたキジの尾羽に、茶屋の先代は猟師でもあったという話を思い出した。

店を出た右手には、この店誕生のきっかけとなった御坂隧道が口を開けている。現在

御坂隧道の傍らに建つ天下茶屋。新トンネルの開通で交通量は激減したが、それがかえってこの界隈に森閑とした環境をもたらしているようだ

天下茶屋の２階は太宰治文学記念室になっており、彼がこの茶屋に滞在していたときに使っていた文机や火鉢などが展示されている

は、ほとんどの人は新御坂トンネルを利用するのだろう。往来は少ない。

店の前から延びる登山道を登っていく。御坂隧道ができたことによって、その上部に位置する鞍部を御坂峠と呼び、それまで古道が越えていた西側の峠を旧御坂峠と呼ぶようになった。このパターンは各地でしばしば見られるのだが、なんともややこしい。以前の峠の名前はそのままに、新しいほうに「新」とつけてくれたほうがずっとわかりやすいと思うんだけどな。

いずれにしても登りつめるのは、「新しい」ほうの御坂峠だ。だからだろうか、道も急峻でいかにも強引に峠を目指しますよといった感じだ。そんな道を辿ること30分で峠に到着。ここからは御坂山を越えて旧御坂峠への尾根歩き。

道は尾根筋を忠実に辿っていく。いくつかの小さなピークを越え、登ったぶんより少し下ってはまた登りを繰り返し、すこしずつ標高を稼ぐ。道沿いはブナをはじめ新緑の広葉樹に包まれており、歩いていて気持ちがよい。ときにはびっくりするような巨樹もそびえている。

そんななか、これが最後と思われる急斜面をつめていくと、そこが御坂山の山頂だった。この山地の総称にもなっているのに、どうしても御坂峠のほうが有名で、登山ガイドなどでも御坂山自体を目指す案内はあまり見かけないという、ちょっと不遇な山だ。

たしかに山名標こそ立てられてはいるものの、とくに展望が開けるわけでもなく、ちょっとした広場のような趣だ。少し手前から尾根自体が幅広くなっていることもあって、縦走路の一通過点といった雰囲気でもある。

山頂から下っていく途中では、何度か富士山方面を見渡せる場所があったが、あいかわらず富士山は雲の向こうに隠れたまま。それどころか、突然遠くから「ゴロゴロゴロ……」という不穏な音が響いてきた。

まさか雷が近づいているのか。曇っているとはいえ、そんなふうには見えないのにと緊張が走ったが、すぐに原因がわかった。これは雷ではなく、富士の裾野にある自衛隊演習地から聞こえてくる砲撃音の類いだろう。以前、丹沢を歩いているときにも、こんな音が響いてきたのを思い出した。

やがて下り斜面が緩やかになり、樹林の奥にトタン張りの古い家が見えてきた。旧御坂峠だ。家はかつてここで営業していた御坂茶屋の廃屋だ。開け放たれた扉からは現役時代の様子が偲べはするものの、なんともひどい荒れようだ。外壁に掲げられ、いまもうっすらと読める「御坂茶屋」の看板が逆にもの悲しい。

この旧御坂峠からの富士山の眺めは昔から名高いけれど、残念ながらここでも眺望はない。ここからは富士山とは反対側に下るので、残念ながらもう機会はない。今回は縁がなかったようだ。

旧御坂峠からの道は急に幅が広くなって、傾斜も緩やかになる。九十九折《つづらお》りの折り返しの頻度も少なくなり、このあたりは牛馬も通っていた古道の名残だろう。部分的には往年の石畳が苔むして残っている。

途中には古い石仏が祀られていたり、小石が積まれて小山のようになった場所には、脇に「子持石」とのみ書かれた標識が倒れていた。どうやら子宝に恵まれるための民間信仰の場所だったらしい。

並走するように流れる小川沢川が近づいてくると、川と道との間に小広い空間が現れた。行者平と呼ばれる場所だ。その名のとおり、ここでは行者が修行を積んでいたそうで、現在もいくつかの石仏が残されているのだが、その表情は笑っているようだったり、へそを曲げているようだったりとなかなかおもしろい。

この先は、古道といえども近年の台風や集中豪雨には無傷ではいられなかったのか、部分的に道がつけ替えられたところが出てくる。路面もまだ柔らかく、補修されてそれほど時間が経っていないことがわかる。

鉄製の橋で川の対岸に渡ると、そこからは藤野木の集落まで続いている簡易舗装の林道を辿るのみだ。藤野木は御坂トンネルの北側の出入り口にあたり、つまりそれは国道との合流を意味する。そこにはバス停もある。

しかし、これまで歩いてきた古道は国道と合流するというよりは、それと交差してさらに先へ続いていた。地形図を確認すると、古道はそこから国道と並走して続いている。

御坂山の尾根には、巨樹と呼んでもよい木々がいくつも天へ向けて枝を伸ばしていた。苔に覆われた樹皮が樹齢の長さを感じさせる

御坂峠からの下り道には石仏が祀られていた。その道幅は一般の登山道にくらべると明らかに広く、牛馬も越えた道であることを思わせる

現在の国道に並走するように残る旧国道。傍らには国道137号線を示す標識が今もそのままだった。かつての御坂道もこの道筋だったのだろう

御坂峠から国道に降り立ってもそのまま旧道を辿り、やがて着いた新田という集落には、往年の石畳がかろうじて残っていた

おそらく現在の国道が開通する以前は、こちらが主要道だったのだろう。

　そんな様子を探るつもりでそのまま古い道を歩いてみれば、やはり路傍には古い石垣や馬頭観音が残っている。道幅も細く、現在では地元住民の自動車くらいしか走っていないが、古い民家の片隅には「手打ちそば」と大書きされた看板なども朽ちており、かつてはこちらの道が御坂峠に至る唯一の道だったようだ。

　新田の集落まで来たところで、「御坂路　石畳」という案内板が現れた。それを辿ってみれば、そこにはたしかに古い石畳が残っている。案内板によると、この石畳は僕が先ほど歩いてきた山中の石畳をのぞくと、現存する唯一の御坂道由来のものらしい。表面はツルツルに摩耗していて、いかにも多くの人馬が歩んできた歴史を感じさせる。そのいっぽう、補修が必要とされる場所には無造作にコンクリートが流しこまれたりもしていて、この石畳の将来が、ちょっと心配にもなってしまう。

　今後、御坂峠の道はどのように変化していくのだろうか。家に戻ってから調べてみると、ここには第三の新しいトンネルの掘削計画が進行中とのこと。それは現行の御坂トンネルのほぼ真下をさらに長く抜け、現在両方の出入り口付近に続いているヘアピンカーブの連続を解消できるらしい。御坂峠を巡る景観は、またもや大きく変貌を遂げるのかもしれない。

足柄古道《あしがらこどう》と金時山《きんときやま》の茶屋

静岡県・神奈川県

日本昔話の三大「太郎」といえば、桃太郎に金太郎、そして浦島太郎の3人だろう。いずれも子どものころから聞かされたり、絵本で読んだり、最近ではテレビのCMにレギュラーで登場しちゃったりもしている、まさに不動の昔話御三家だ。

しかし彼らのうち、金太郎だけちょっと存在感が異なるのが子ども心に不思議だった。勧善懲悪の桃太郎、ちょっとSFのような趣もある浦島太郎。ほかのふたりには明確な物語性があるのに対し、金太郎だけどうもそのあたりがぼんやりしている。赤い腹かけをつけてマサカリを担ぎ、クマと相撲を取る。そんなディテールは知っているのに、じゃあその後、金太郎がなにをしたのか。

今になって読み返してみれば、抜群の身体能力を買われて源頼光の部下に採用され、坂田金時と名を変えて大江山の酒呑童子《しゅてんどうじ》退治に参加したらしいが、やはり桃太郎や浦島太郎にくらべるとインパクトがやや弱い。誰かの子分になるというのも、子どもには違和感があったのかもしれず、さらには坂田金時という実在の人物に重ねられたことも理解を難しくしたのだろう。そう、坂田金時、いや金太郎は実在の人物とされているのだ。

金太郎が生まれ育ったのは足柄山。現在でいうところの足柄峠一帯を当時はそう呼んだらしく、その南端に位置する金時山こそが足柄山との説もある。

そしてこの金時山の山頂には、金時茶屋と金太郎茶屋という2軒の茶屋が店を開けている。よし。今さらだけど、子どものころにはあまり身近ではなかった金太郎に少しでもお近づきになるために金時山を、いや山頂の茶屋を目指してみよう。

降り立ったのはJR御殿場《ごてんば》線の足柄駅だ。金時山へのアクセスとしてはちょっとマイナーな起点だが、ここから足柄峠にかけては足柄古道といういにしえの道が部分的に残っているので、これを辿ることにする。足柄古道は江戸時代になって五街道が整備される以前から存在していた、箱根を越える峠道として整備された官道だ。古くは九州へ向かう防人《さきもり》がここを通って西へ向かったり、日本武尊《やまとたけるのみこと》の東征時もここから東へ向かったとされる。

駅前に鎮座する妙にリアルな金太郎像に見送られてから踏切を渡り、足柄新道と呼ばれる道を左にやりすごしてから古道に入る。コンクリートで舗装はされてはいるものの、針葉樹に囲まれるなかを少しずつ標高を稼いでいくなかなか素敵な道筋だ。道沿いにはいくつもの石仏が祀られているのも、この道の長い歴史に相応しい。

やがて途中から県道が合流してきてそのまま県道を歩くことになるが、さらに先へ行く左へと分岐する小径が現れる。この小径も足柄古道の道筋だそうで、分岐には古い馬頭観音も祀られている。

分岐点の先は石畳が敷かれていていかにも古道の趣だが、それもほんの10メートルほ

足柄駅前の金太郎とクマの像。こういうのってデフォルメしすぎると幼稚に見えるし、リアル過ぎるのもちょっと怖いし、さじ加減が難しそうだ

どで、すぐに登山道のような土道に変わる。県道にくらべると明らかに傾斜がきつくなるなかを20分ほど登ると、路面には再び石畳が復活してすぐに県道と再び合流。古道の両端のみが石畳になっているのは、目立つところだけ体裁を整えたわけではなく、今後も予算がつきしだい順次石畳化が進んでいくのだ、と思いたい。

そもそも日本では石畳の道はそれほど歴史が古いものではなく、一般的になったのは江戸期かららしい。つまりそれ以前の道は土道なのが当たり前だったのだろう。

ここからは県道を少し南下、足柄峠直下から直登する登山道へ入る。こちらは沢筋で湿度が高いせいか、足元が苔むしていて美しい。苔に滑らないことだけ注意しながら歩いていくと、上のほうから自動車の音が響いてきて、樹林帯を抜ければそこが足柄峠だった。現在、足柄峠までは自動車でも来られちゃうのだ。

足柄峠は足柄古道同様古くから越えられてきた峠で、かつては頻発する盗賊を排除するために関所が設けられ、のちには足柄城と呼ばれる山城もあったそうだ。

高台になった城址に登って周囲を見渡せば、西にそびえる富士山が圧倒的な存在感だ。峠に辿り着くまで、西を背にして歩き続けたうえ、周囲を樹林に囲まれていたので、こんなにも富士山が近いということをすっかり忘れていた。

足柄峠からは、尾根上をまっすぐ南へ延びる道を辿って金時山を目指す。道自体は穏やかだが、その先には金時山の山頂部がポッコリと飛び出しているのが見える。つまり最後の最後に激しい登りが待っているということだ。

しばらくは自動車も往来できる舗装路が続いているが、この道と並走するように、部分的に登山道も踏まれている。時間的にはどちらを歩いてもさほど変わらなそうだが、せっかくなので登山道のほうを歩いてみれば、周囲にはセミの鳴き声がうるさいほどに響きわたる。夏も近い。

間もなく車道は一般車通行止めのゲートで遮られ、手前の駐車スペースはすでにいっぱいだ。少なくともここに駐まっている自動車の数以上の人が、現在金時山を登山中ということだろう。これまで自分以外に登山者の姿はほとんど見かけなかったが、どうや

針葉樹林に囲まれるなかを緩やかに登っていく足柄古道

らこのコースはマイカー登山者に人気が高いようだ。

早い時間から自動車で来た登山者のなかには、すでに下山してきた人もいて、そんな彼らと挨拶を交わしながらすれ違う。ある家族連れの小さな男の子からは「まだまだ長いよー!」とハッパをかけられ、思わず「えーっ!」と悲鳴を上げてみせる。

やがて道は一気に細くなり、そして激しい急登が続く。山頂までは直線距離にすればたかだか340メートルほどだが、その間に200メートル以上の標高を稼がなくてはならない計算なので、これはなかなか厳しい坂である。

それに加えてこのコースの特筆すべきは、道のほぼすべてが階段状であるということ。もともとが急傾斜の地形なので、集中豪雨などによる路面損壊も頻繁にあるのだろう。そのたびに小まめな補修工事をしてくれている印象だが、より安心安全を期するためには階段道にするのが定石のようで、結果として延々と階段が続くことになったのかもしれない。

そして、この階段道というのがしんどいのだ。理由は自分の歩幅、自分のペースで歩けないこと。それでもピッチが小さければまだいいのだが、逆に大股での登りを強いられ続けると、テキメンに息は乱れ、足はブルブルと震え出す。

このときも周囲には誰もいないつもりで、思う存分ゼイゼイと息を切らしながら登っ

古道を歩いて足柄城址まで登り詰めると、その向こうには富士山がぽっかりと顔をのぞかせていた。季節は６月半ば、頂上付近にはまだ雪が残る

ていたところ、九十九折《つづらお》りの死角でおばちゃんが休憩中だった。「大丈夫？　頑張ってねー！」と励まされて、なかなか恥ずかしい姿を見せてしまった。いつかどこかで自分の歩幅に最適な、シンデレラフィットの階段道に出会う日を願うばかり。

　しかし、そうはいっても終わりのない登りはない。足元に視線を落としては一歩ずつひたすら標高を稼いでいけば、次第に前方から賑やかな声が聞こえだし、それに交じってバッテリーの駆動音も響いてきた。金時山山頂に到着だ。

　ちょうどお昼時とあって、山頂は多くの登山者で賑わっていた。ここの山頂へは、今登ってきた道以外にもふたつの登山道から目指すことができる。それらの登山者がまさに一堂に会している様相だ。

当然、2軒の茶屋の両方にお客さんが殺到しており、スタッフは目が回りそうな忙しさ。さすがにこの状況でなにか注文するのは気が引けるので、持参のおやつなどを頬張りながら山頂に腰をおろしてそこからの絶景を楽しむ。

富士山は相変わらず屹立しているし、その足元には裾野がのびやかに広がっている。その南側へ続く山並みは愛鷹《あしたか》の山々だろうか。

南へと視線を移せば、巨大な箱根外輪山の内側にできた芦ノ湖や箱根の町並み、仙石原高原が一望だ。その奥に見えるのは伊豆半島の天城連山か。

そろそろ茶屋も落ちついてきたかと様子をうかがうが、金時茶屋のほうはまだまだ忙しそうだ。こちらの茶屋は別名「金時娘の茶屋」とも呼ばれているように、もはや金時山随一の有名人でもある女性が店を切り盛りしてきた。富士山の強力として名を馳せたお父さんを継いでこの茶屋に入り、70年以上にわたって茶屋の灯りをともし続けてきたという。さすがにご高齢とあって最近は不在がちのようだが、いずれにしてももはや金太郎に匹敵するような伝説の存在なのだ。

もう一軒の金太郎茶屋のほうをのぞいてみると、こちらはちょっと落ちついてきた様子だ。僕の空腹具合もそろそろ限界なので、今回は金太郎茶屋で食事をする。

相席ながら店内に案内されて、壁に貼られた品書きを眺めれば、ひときわ目を引いた

金時山の山頂から箱根外輪山の内側を俯瞰する。ここからは標高を一気に落として金太郎にゆかりのある公時神社を目指す

のは「まさカリーうどん」というもの。実は店に入ったときから、あたりを漂うスパイシーな香りが気になっていたのだ。

運ばれてきたのは、ふだん目にするそれよりはずいぶん濃い色をしたお出汁というかカレーがかけられたうどんだ。「これをかけると、より香りが引き立ちますよ」と添えられたのはガラムマサラ。山頂の茶屋とガラムマサラ。時代も変わったものである。

うどんをいただきながら店内の様子をうかがってみれば、やたらにスタッフが多い。しかも皆さんなかなかの年輩で、なおかつ旧知の仲のよう。もしかしたら彼らは純然たるスタッフではなく、この茶屋の常連さんたちなのかもしれない。茶屋への、そして金時山への愛着が高じて、こうして頂上までできて手伝っているのでは。勝手な想像ではあるが、なんだかちょっとうらやましい関係性だ。

最後のひとしずくまでなめるようにうどんをいただき、「ありがとうございました！またよろしく〜」の声に見送られて茶屋を出る。

さあ、ここからは南の仙石原に向かって下山しよう。仙石原からは頻繁にバスが出ているので、それを利用して小田原に向かおう。小田原で干物でもお土産にして、たまにはちょっとぜいたくをしてロマンスカーで帰京しようか。

でもその前に下山口では公時神社《きんときじんじゃ》をお参りしなくちゃね。公時神社の祭神は坂田金時（公時）、つまり金太郎だ。金太郎にいざなわれるようにここまで来たのだ。最後は無事下山のお礼も兼ねて、ひと言挨拶してから帰ろうじゃないか。

おわりに

これまで「半日徒歩旅行」と銘打った書籍を何冊か書いてきた。寝坊した日でも出かけられるスポットを、東京近郊や京阪神、名古屋周辺など地域ごとに実際に歩いて紹介したものだ。朝ゆっくり出かけられるというのが自分の行動パターンにちょうどよかった。早起きしなくてもよい、つまり前夜もいつものように酒場に出かけ、当日ものんびり起きてから、空模様を確認しつつ準備すればよいのが心地よかった。

しかしここ最近、その風向きがちょっと変わってきた。目覚ましをかけずとも勝手に早起きができてしまうのである。冬はまだ暗いうちに目が覚めてしまって、ちょっとショックなくらいだ。これが噂に聞く加齢による早起き現象なのか。

しかし考えようによっては、無理せずに早朝からの活動が可能になったわけだ。歳をとるのも悪いことばかりではない。朝早くから旅立てばより遠くを目指せるし、近場に向かうにしても行動時間を大幅に増やすことができる。日帰りながらも行動半径はさらに広がった。まだまだ行ってみたいところは山ほどあるのだ。

さあ今週末はどこを歩いてみようか。

本書の執筆にあたっては朝日新聞出版の大原智子さんにお世話になりました。この場を借りてお礼申しあげます。

２０２３年10月吉日

佐藤徹也

本書で訪れた場所MAP
栃木県
茨城県
埼玉県
東京都
千葉県
神奈川県
15
25
10
9
11
14
5
1
3
2
4
26
23
21
7
19
28
8
20
16
20km
N

1 東京駅から都庁へ。
観光地を直列横断
2 愛宕山から北へ、
都区内の超低山を縦走する
3 豊洲から葛西へ。
新旧東京湾岸を辿る
4 自然と生活環境の絶妙感。
武蔵野を巡る
5 隅田川を遡って東京下町縦断
6 奥秩父に眠る廃トラックを
見物に
7 屏風ヶ浦と「うつろ舟」
8 房総の素掘りトンネル群巡り
9 霞丘陵と東京炭鉱跡
10 ふたつの廃集落跡と
それをつなぐ峠道
11 軽便鉄道跡とともに
多摩川から多摩湖へ
12 長野電鉄屋代線廃線跡と
松代大本営跡
13 土合駅の長大階段と一ノ倉沢
14 奥多摩湖のロープウェイ跡と
南岸の道
15 袋田の滝とそこから続く
山並みへ
16 隆起で地続きになった島と
戦争遺跡の数々
17 忍野八海と富士山を望む道
18 中山道と碓氷峠
19 鎌倉古道で「いざ鎌倉!」
20 鯨と花嫁街道
21 甲州街道と犬目宿
22 東海道と薩埵峠
23 浜街道、絹の道の栄枯盛衰
24 八ヶ岳山麓の信玄棒道
25 外秩父の峠を渡って茶屋へ
26 奥高尾の「茶屋街道」ハシゴ
27 御坂峠と天下茶屋
28 足柄古道と金時山の茶屋

東京近郊徒歩旅行《とうきょうきんこうとほりょこう》
絶景《ぜっけい》・珍景《ちんけい》に出会《であ》う

朝日文庫

2023年11月30日　第1刷発行

著　　者　佐藤徹也《さとうてつや》

発 行 者　宇都宮健太朗
発 行 所　朝日新聞出版
〒104-8011　東京都中央区築地5-3-2
電話　03-5541-8832(編集)
03-5540-7793(販売)

印刷製本　大日本印刷株式会社

ISBN978-4-02-262086-6